Fo Sgàil
A' Swastika

Under the Shadow
of the Swastika

Chaidh *Fò Sgàil a' Swastika* fhoillseachadh an toiseach
an 1974 sa Ghàidhlig a-mhàin le Club Leabhar, Inbhir Nis
agus a chlò-bhualadh le John G. Eccles, Inbhir Nis

Nochd na ceithir pìosan bàrdachd anns an leabhar seo
an toiseach ann a *Chì Mi* foillsichte le Birlinn 1998

A' chiad fhoillseachadh dà-chànanach le Acair 2000
An dàrna foillseachadh 2000
An treas foillseachadh 2004
An ceathramh foillseachadh 2011

Acair Earranta
7 Sràid Sheumais, Steòrnabhagh
Eilean Leòdhais HS1 2QN
Fòn: 01851 703020

info@acairbooks.com
www.acairbooks.com

A' Bheurla le Bill Innes

An còmhdach Mairead Anna NicLeòid

Na mapaichean le Charmain Mocatta

Deilbhte, dèanta agus deasaichte le Acair

Clò-bhuailte le Gomer Press, A' Chuimrigh
Na CDs le M & A Thomson Litho, Glaschu

Chuidich Comhairle nan Leabhraichean agus
Comunn Gàidhlig Inbhir Nis am foillsichear
le cosgaisean an leabhair seo.

Tha Acair a' faighinn taic bho Bhòrd na Gàidhlig

LAGE/ISBN 978 086152 3283

Fo Sgàil
A' Swastika

Under the Shadow
of the Swastika

Dòmhnall Iain MacDhòmhnaill

Introduction,
Notes & Parallel Translation
Bill Innes

acair

CLAR-INNSE/*CONTENTS*

CLAR-INNSE/*CONTENTS*

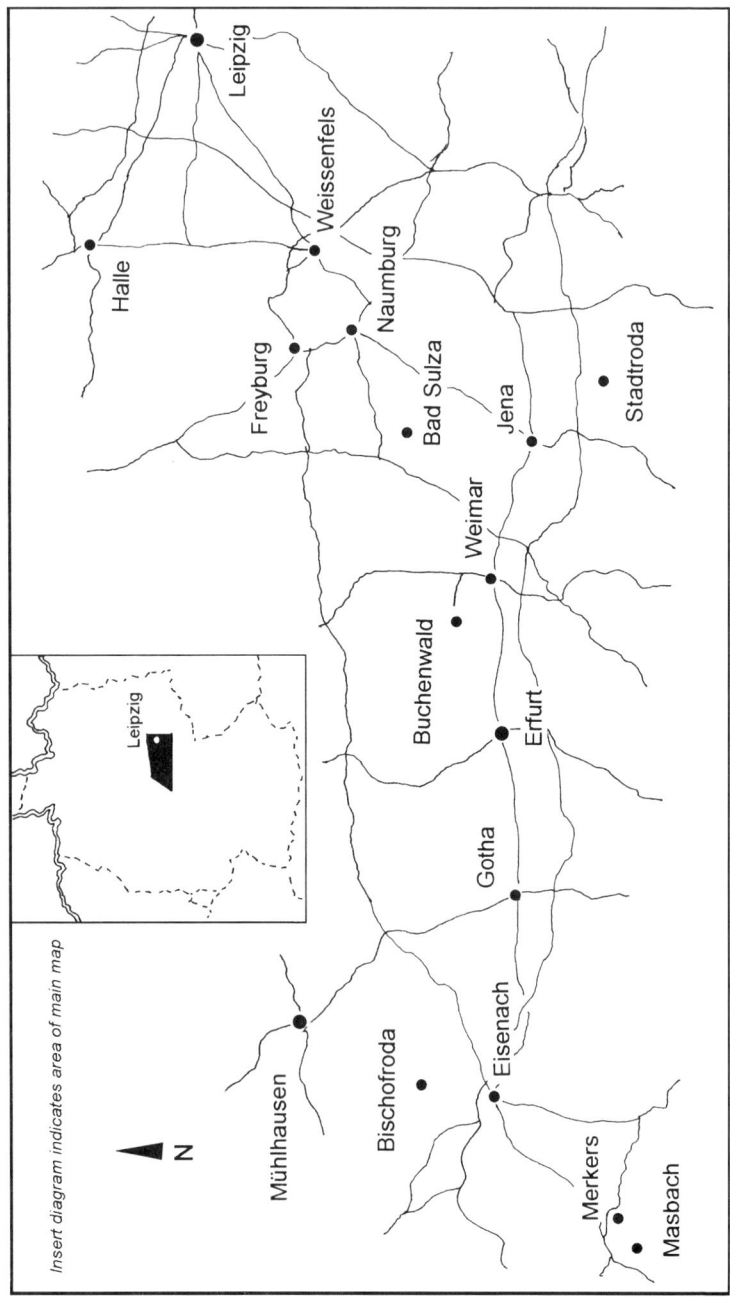

Sketch map of the Thuringia region of Germany showing places mentioned.

R RHINE

Emmerich

Düsseldorf

Cologne

Bonn

GERMANY

LUX

Luxembourg

Metz

HOLLAND

Liège

ARDENNES

Rotterdam

Brussels

BELGIUM

Sedan

Rheims

N

Lille

Dunkirk

Calais

Abbeville

Amiens

FRANCE

Paris

R SOMME

Dover

Dieppe

St Valéry-en-Caux

Rouen

R SEINE

London

ENGLAND

Portsmouth

ENGLISH CHANNEL

Le Havre

Caen

Southampton

Cherbourg

International boundaries ----------

Sketch map of NW Europe showing places mentioned.

Do na gillean uile,
mar theisteanas
air misneach, fad-fhulangas
is uaisle
ri aodann geur-leanmhainn

To all the lads,
in testimony
to courage, long-suffering
and nobility
in the face of oppression

FO SGAIL
A' SWASTIKA

UNDER THE SHADOW
OF THE SWASTIKA

As dèidh a' chogaidh: an t-ùghdar ann an 1945
After the war: the author in 1945

Acknowledgements

It was while preparing Donald John's poetry for *Chì Mi* that I re-read *Fo Sgàil a' Swastika* and realised what a cracking good story it was. My thanks to all those who have helped to bring it to a wider audience.

My interest in the heroic stand at St Valéry and the subsequent ordeal in the prison camps was stirred in 1988 when I had the privilege of talking to some of the survivors for a piece on the Gaelic current affairs programme *Prosbaig* on War Memorials. Sadly their number is ever diminishing but my thanks in particular to Donald Bowie, Murdo MacCuish, Donald Alan Maclean, Archie MacVicar and Archie Macphee - who provided photographs of Stalag IXc. May this book help to remind us how much their generation suffered for the rest of us.

Other photographs were provided by Donald John's nephew Donald MacDonald and his stepson Donald MacNeil - who was an invaluable source of information on some of the men depicted and mentioned in the text. He also provided the author's original cassette recording of the whole book from which the accompanying CDs have been re-mastered.

That these are of an acceptable listening standard is due to Alan Bunting of ABCD Enterprises who deployed all of his meticulous editing skills to remove most of the many extraneous noises which marred the original recording - made on a battery-powered portable resting on the author's knee!

My thanks to Jo MacDonald of the BBC for allowing me to listen to an interview with Donald John conducted by Kenny MacIver and also to Ronnie Black for information on Donald John's last visit home before St Valéry. Peter Bowie, Howbeg was another important source of background material.

Bill Innes

Introduction

While there have been countless books about World War II, many of them dealing with the experiences of prisoners of war, relatively few were written by private soldiers - far less one who could take a poet's perspective on the experience.

Since the publication of his poetry in parallel translation (*Chì Mi* Birlinn 1998) the importance of Donald John MacDonald as a major Gaelic poet has at last been recognised by a wider audience.

His account in *Fo Sgail a' Swastika* of the wartime experiences that were to change his life forever was first published (in Gaelic only) by Club Leabhar in 1974. This new translation brings to a non-Gaelic readership a riveting account of the horror and cruelty of war, but it also illustrates vividly how an irrepressible spirit and sense of humour helped the author withstand the pressures and deprivation of captivity.

That the tale is told with all the verve and immediacy of a natural raconteur should not surprise us - for he was born into a family of storytellers and bards. His father was Duncan MacDonald, *Donnchadh mac Dhòmhnaill 'ac Dhonnchaidh*, a *seanchaidh* (traditional storyteller) of legendary repertoire, while his mother Margaret was a sister of Donald Macintyre, *Dòmhnall Ruadh Phàislig*, the Paisley bard. His paternal uncle Neil (who lived with the family) was also a major influence for his knowledge of traditional lore was at least as comprehensive as that of his more famous brother.

Despite being steeped in Gaelic oral culture from infancy, Donald John was a reluctant conventional scholar, desperate to leave school at fourteen. South Uist in the 1930s was a land of poverty where crofters wrested a bare living from a hostile environment using primitive manual methods long since abandoned on the more prosperous mainland. Alternative employment was virtually impossible to find and such luxuries as holidays unheard of. Small wonder that the annual fortnight's camp of the Territorials was seen by the young men as a welcome and even glamorous break from the unremitting grind of work on the land.

When war was declared in 1939 it seemed to promise a heady mix of excitement and adventure. "At last!" the twenty year old Donald John exclaimed to his sister Ann. Spirits were high as the Uist Territorials left to join the Cameron Highlanders, although those of the older generation who had suffered in the carnage of the first World War must have watched them go with wiser eyes and heavy hearts.

After some training in Scotland the Highland Division moved to the army heartland at Aldershot for more intensive instruction. Although he had been a high-spirited and mischievous teenager, his army contemporaries report that Donald John seems to have found the army training methods of the time somewhat intimidating. His reaction was to display an apparent under-confidence and shyness. Military instructors of the period famously believed that bullying tactics turned boys into disciplined men so this apparent diffidence singled him out for more than his fair share of punishment duties. This book makes clear that his natural qualities of spirit and courage soon re-asserted themselves - particularly in his defiance of his captors.

This defiance manifested itself in the several ill-starred attempts at escape described in this book. The reader may consider them to be impulsive and reckless to the point of foolhardiness but, as the author explains, they were a way of demonstrating to the Germans that the love of freedom of an independent spirit could not be crushed by captivity.

This book ends with the return to Britain, but for many of the men the period of readjustment to normal life at home was painful and prolonged. Undoubtedly the strong bonds of companionship forged in the face of oppression had been a powerful sustaining force. The author's pre-war close friend, Donald Bowie, Howbeg, could not settle anywhere and spent the rest of his life wandering around Australia and New Zealand. Many others found it impossible even to talk about their experiences for many years afterwards, if at all. In a radio interview in the 1970s Donald John spoke of the feelings of loss and loneliness he experienced on his return home - feelings which often surfaced in his poetry.

Gur tric a bhios mi smaointeachadh
An caochladh thàinig oirnn:
Na companaich bha gaolach leam,
'S bu chaomh leam bhith nan còir,
An-diugh gu sgapte, sgaoilte
'S iad a' saoithreachadh an lòin,
'S tha cuid dhiubh dh'fhàg an saoghal seo,
Air raoin a dh'aom an deò.

Oftentimes I think of
The change that has occurred:
The companions that I loved,
Whose company I enjoyed,
Today dispersed and scattered
As they earn a livelihood;
And those who left this world -
On the field who breathed their last.

(*Fàilte air Tìr an Eòrna*)

Donald John spent the rest of his life as a crofter on the Island of South Uist. His won the Bardic Crown at the 1948 National Mod in Glasgow with Moladh Uibhist - a poem in praise of his native isle which he started to compose in the camps and finished after the war. As well as the original of this present volume, he published his first book of poems, *Sguaban Eòrna* in 1973 and *Uibhist a Deas* in 1981. In addition he collected massive amounts of folklore for the School of Scottish Studies which holds about 6000 pages in his own handwriting.

In October 1986 while accompanying his wife Nellie who was to have a check-up in Glasgow's Western Infirmary, he himself was taken ill and admitted to the hospital. I visited him there and found his mind as lively as ever. The next day I was shocked to hear he had collapsed and died the previous evening. He was only sixty seven and his death was an irreparable loss to Gaelic. He is buried in Ardmichael Cemetery, South Uist within earshot of the sea which was such an influence on his poetry and is commemorated jointly with his uncle, Donald Macintyre *Domhnall Ruadh Phàislig* on a cairn by the main A865 road at Snishval.

The wartime poems at the end of this volume are taken from *Chì Mi* (Birlinn 1998) - a comprehensive collection of his songs, poetry and hymns in parallel translation.

His importance to Gaelic lies in the fact that he was a traditional bard who modified his style to become a modern literary poet whose work is still the authentic voice of the soul of the Gael.

1. St Valéry

Bha bàtaichean Feachd-mara Bhreatainn mu astar trì-chairteil a' mhìle mach bho thìr. Bha a' mhuir a' soillseadh mar airgead ann an solas soillseach na grèine, oir 's e latha air leth teth a bh' ann, gun an sgòth bu lugha a' mì-dhathachadh liath dhomhainn nan speur. Bha na h-eòin a' ceilearadh anns na craobhan timcheall. B' e ceòl nan eun an aon fhuaim a bha a' bristeadh sìth agus sàmhchair an latha bhrèagha shamhraidh seo.

Ach mar a thubhairt an sean-fhacal, bha 'taobh eile air a' mhaoil' agus bha sinne air cinnt agus dearbhadh gu leòr fhiosrachadh mun taobh sin anns an dà sheachdain a bh' air deireadh oirnn. 'S ann air cnoc àrd gorm craobhach os cionn baile Dieppe an ceann a tuath na Frainge a bha sinn nar suidhe air an latha shamhraidh àraid seo, agus b' e a' bhliadhna 1940.

Bha call agus buaidh Dunkirk seachad, agus bha an Dibhisean Ghàidhealach air an iomain-chiùil a ghabhail a-nuas bhon abhainn Somme gu cladach Caolas na Frainge. Bha sinne, ma-tha air a' chnoc seo a' sealltainn a-mach gu muir air bàtaichean ar dùthcha nach b' urrainn miontraigeadh na b' fhaisge air a' chladach - cho goirid dhuinn, ach aig a' cheart àm cho fìor fhada bhuainn.

B' e dùil nan cumhachdan os ar cionn gun gabhadh am feachd Gàidhealach sàbhaladh len aiseag thar a' Chaolais o bhaile-puirt Dieppe, ach bha feachd cumhachdach Rommel na bu luaithe. Feasgar an latha bhòidhich shàmhraidh sin chaidh an t-sìth bheannaichte a mheal sinn cho aithghearr a ghrad-bhristeadh le nuallan agus àrd-thoirm nan gunnachan mòra, 's fhuair sinn òrdan a bhith deisealachadh gu ath-ghluasad.

Thàinig na carbadan, carbadan mòra bhon RASC - ghabhadh gach aon dhiubh mu dheich duine fichead - agus bha sinn air an rathad a-rithist. Chaidh sinn deagh chunntais mhìltean anns na carbadan seo, agus an sin stad sinn. Cha robh a bheag no mhòr de dh'fhios againne gu dè ceart a bha tachairt, ach cha do dh'fhàgadh idir fada san t-suidheachadh sin sinn.

1. St Valéry

The ships of the British Navy lay about three-quarters of a mile from land. The sea shone like silver in the bright sunlight, for the day was very hot, with not the tiniest cloud to mar the deep blue of the sky. Birds sang in the trees around, their song being the only sound to disturb the peace and quiet of this lovely summer day.

But, as the old saying goes, "there was another side to the story" and we had had experienced plenty of proof and certainty of that other side in the preceding two weeks. We were sitting on a high green wooded hill above Dieppe in Northern France on that special summer day, and the year was 1940.

The defeat and victory of Dunkirk was over, and the Highland Division had been driven back from the Somme to the shores of the Channel.‡ And so there we were on this hill looking out to sea at the ships of our country which could not venture any closer to the beaches - so near to us and yet so very far away.

The powers above had expected that the Highland Division could be rescued by ferrying them from the port of Dieppe, but Rommel's powerful forces had been swifter. In the afternoon of that beautiful summer day, the blessed peace we had so briefly enjoyed was shattered by the roar and thunder of artillery, and we were ordered to prepare to move on.

The trucks came - large trucks of the RASC which could each carry about thirty men - and we were on the road again. We travelled quite a few miles in these trucks and then halted. We had little or no knowledge of what exactly was happening, but we were not long left in that state.

‡ See the Appendix for a summary of the events of the preceeding weeks.

Chaidh ar loidhnigeadh suas; thàinig fear dhe na h-oifigich, Màidsear Hill, far an robh sinn agus bhruidhinn e rinn. Duine mòr còir a bh' anns a' mhàidsear, le pearsa dhìreach, dhèante, chumadail agus falt liath. Bha e an cogadh a' Cheusair tha mi 'm beachd. Dh'inns e gu robh arm Rommel air bristeadh a dh'ionnsaigh a' chladaich agus, ma bha teasraigeadh an dàn dhuinn, gu feumte dèanamh air baile beag a bha na b' fhaide an iar na Dieppe, ach mar an ceudna air còrsa a' Chaolais. B' e ainm a' bhaile seo St Valéry-en-caux, am baile san deach dòchas na sprùilleach, agus a chuir iomadh gille làidir, tapaidh ann an ùr-earrach na h-òige na shìneadh fuar reòtht' ann an ùir choimheach.

Thàinig sinn a-staigh gu St Valéry an oidhche Luan. Madainn Dimàirt, fhuair sinn òrdan deisealachadh 's a dhol an uidheam-batail. Bha againn ri dhol an grèim agus na Gearmailtich a chur air n-ais bho chnoc àrd a bha taobh a-muigh a' bhaile. Dh'fhalbh sinn, ach astar beag bhon bhaile chaidh ar cur nar sìneadh am pàirc mhòir arbhair. Dh'iarradh òirnn fuireach sàmhach socair, agus air na chunnaic sinn riamh gun ar suidheachadh a leigeil fhaicinn dhan nàmhaid. Cha chuala sinn riamh dè chaidh ceàrr 's cha mhotha fhuair sinn reusan a bhith air ar fàgail nar sìneadh fad fiaraidh latha samhraidh ann am pàirc mhòir arbhair, 's na peilearan a' cur nan dias far nan sop os ar cionn.

Siud far an robh an t-arbhar eireachdail; ged nach robh ann ach mìos meadhanach an t-samhraidh, bha toiseach fàs buidhe aige. Bidh mi tric a' smaointinn saoil an deach a bhuain. Nach beag dùil a bh' aig an fhear a threabh 's a chuir 's a chliath e an t-earrach ud gum biodh e stampte fo chasan 's fo chuibhlichean Wehrmacht na Gearmailt mun tigeadh am foghar.

Ach cò aig tha fios? 'S e na bha dhe na Frangaich fhèin ann an dlùth-chomann ris na Gearmailtich am prìomh adhbhar air nach do sheas an Fhraing na b' fhaide. Ach feumaidh mi aideachadh gu robh a' mhòr-chuid dhen arm Fhrangach cho dìleas, daingeann 's a tha a' bhàirneach ris a' chreig. Chan eil dùthaich no nàisean sam bith nach fhaighear barrachd is aon Quisling innte.

We were lined up and one of the officers, Major Hill, came to talk to us. The Major was a fine big man - erect, mature, well-proportioned, grey-haired. I think he had fought in the Kaiser's war.[1]

He told us that Rommel's army had broken through to the coast and, that if we were to be saved, it would be necessary to make for a little town further west of Dieppe which also lay on the Channel coast. This was St Valéry-en-Caux, the town where hope was shattered and many a strong, sturdy lad in the fresh springtime of youth was laid cold and stiff in alien soil.

We came into St Valéry on the Monday night. Tuesday morning we had orders to make ready to go into battle array. We had to attack and drive the Germans back from a high hill outside the town. We set off, but a little way from the town we were made to lie low in a large field of corn. We were told to remain still and silent and on no account to reveal our position to the enemy. We never heard what went wrong, nor were we given any reason for being left lying for a whole long summer's day in a great field of corn with bullets cutting ears from the stalks above our heads.

What lovely corn that was: although it was only the middle month of summer, it was already starting to ripen. I often wonder if it was ever harvested. The man who ploughed, sowed and harrowed it in the spring little thought that it would be flattened under the boots and wheels of the German Wehrmacht by the autumn.

But who knows? The fact that so many of the French themselves collaborated with the Germans was the prime reason that France did not hold out longer. But I have to say that the majority of the French army was as loyal and steadfast as limpets on a rock. There is no country or nation that does not have more than one Quisling in it.[2]

Nuair a chiar am feasgar 's a thàinig dubhar na h-oidhche, fhuair sinn ar casan altachadh a-rithist 's thill sinn a-staigh gu St Valéry. Thòisich an sin am batal a' dìon a' bhaile. Mu uair no dhà sa mhadainn bha mòran dheth na theine, 's bha na Gearmailtich a' cumail teine gun bhristeadh a-staigh nar measg. Bha e soilleir gu leòr a-nis nach robh dòigh air faighinn às a' gheimheil anns an robh sinn ach leis an nàmhaid a chur an comhar an cùil. Bha 'm baile cuartaichte.

Bha mi fhìn 's fear no dithis eile a-staigh ann an taigh mòr fada - 's e coltas taigh-stòir a bh' ann - a' leigeil ar n-anail. Mhothaich sinn do thogsaid mhòr air sorchan an ceann shuas an taighe. Chaidh fear dhe na gillean suas thuice agus rinn e mach gur e lionn a bh' innte. Uill, cogadh ann no às, bhiodh ar cuid againne dhith! Dh'fhuasgail sinn na mugaichean a bha crochte ri ar n-acfhainn agus dìreach aig a' cheart àm thàinig an spreadhadh. Bhuail sinn uile sinn fhìn air an ùrlar 's ar làmhan mur ceann. Nuair a dh'fhiosraich sinn gu robh sinn fhathast beò, dh'èirich sinn. Chan fhaiceamaid ach le èiginn a chèile leis a' cheò 's an smùr a bh' air feadh an taighe. Nuair a shocraich an dust sìos, cha robh sealladh air ceann shuas an taighe, no idir air an togsaid. Cha robh eadhan an t-ùrlar fhèin fliuch far an robh i!

"Uill," arsa mo ghille math a bh' anns a' chuideachd, "dh'fhaodadh iad na taighean a bhristeadh, ach carson nach do sheachain iad an togsaid!".

Mu naoi uairean sa mhadainn thàinig balbhadh san stoirm. Bha sinn fhìn 's na Frangaich fhathast a' losgadh na .303s - sin na h-aon airm a bh' againn an aghaidh tancaichean mòra iarainn an taoibh eile. An luch 's an leòmhann a' cath, faodaidh mi ràdh!

Nochd Màidsear Hill a-rithist. Dh'iarr e òirnn loidhnigeadh suas. 'S ann air rathad ìseal a chaidh a chladhach a-mach à cnoc àrd a bha sinn suidhichte a-nis aig iomall a' bhaile. Bha bruaichean àrd air gach taobh dhen rathad a bha fìor mhath nan sgàthan gus neach a dhìon bho sgealban nan sligean. Thòisich am Màidsear air bruidhinn, 's bha na deòir a' ruith nan sruth bho shùilean.

With the onset of dusk and the fall of night, we were able to stretch our legs again and return to St Valéry. Then the battle started to defend the town. By one or two in the morning, much of it was in flames and the Germans were pouring a continuous stream of firepower in amongst us. It was obvious that there was no way out of the trap we were in other than to drive the enemy back. The town was surrounded.

With one or two others I was having a breather inside a big long building which looked like a storehouse. We noticed a large hogshead on a stand at the other end of the room. One of the boys went up to it and discovered that it contained beer. Well, war or no war, we would have our share. We loosened the mugs that hung from our kit and at that very moment came the explosion! We all flung ourselves to the ground, hands over our heads. When we realised we were still alive, we rose. We could barely see each other through the smoke and dust throughout the building. When the dust settled there was no sign of the other end of the house - or of the hogshead. The floor where it had been was not even wet!

"Well," said one fine boy in the company, "they can destroy the houses, but they might have left the beer alone!"

About nine o' clock in the morning there came a lull in the storm. We and the French were still firing our .303 rifles[3] - the only weapon we had against the huge armoured tanks of the other side. The mouse fighting the lion, I might say![4]

Major Hill appeared again and asked us all to line up.

We were on a low road that had been cut into a high hill on the outskirts of the town. There were steep slopes on either side of the road that made an excellent shield against shrapnel. The Major started to speak and the tears were running down his cheeks.

"Tha 'n t-òrdan air tighinn bho chumhachdan os ar cionn," ars esan, "gu bheil aig na th' air fhàgail beò dhen Dibhisean ri toirt suas air sgàth casgradh marbhtach a sheachnadh." Cha do ghlac inntinn duine a bha 'n làthair gu buileach gu dè an suidheachadh a bha 'n crochadh ris na briathran seo. Cha do smaoinich cridhe duine a bha na sheasamh an siud riamh air a leithid a thachartas. Cha robh fios no fàth aig duine bha seo gu robh a' chuid a b' fheàrr dhen Arm Bhreatannach cheana ann an Sasainn, air an tarraing a-nall à Dunkirk. Mar sin 's e iongnadh a' chiad rud a thug buil air inntinnean. Ach mar a bha am Màidsear a' dol air aghaidh a' bruidhinn, dhrùidh a' chùis na b' fhaide staigh, agus thuig sinn gu robh an suidheachadh chan ann a-mhàin cunnartach ach buileach gun dòchas. Bha an nàmhaid mun cuairt òirnn mòran, mòran na bu lìonmhora 's na bu chumhachdaiche na sinne, 's cha robh dòigh no innleachd aig bàta air tighinn faisg a' mhìle dhan chladach. Bha 'm blàr air a chur 's bha 'm blàr air a chall.

Chaidh an t-òrdan 'Ground Arms!' a thoirt seachad. Sheall gach fear air an fhear eile, ach bha gach duine fhathast 's greim bàis aige air an raidhfil. Gu cumanta anns an arm, nuair a rachadh òrdan a dhiùltadh, 's e cionta trom a bh' ann 's rachadh dèiligeadh ris a' chiontach air rèir a' chiont, ach 's e bha seo gnothach eile.

Thugadh an t-òrdan seachad an dàrna turas, ag innse aig an aon àm gu robh ar nàmhaid deiseil gus am baile 's gach duine beò a bh' air àrainn a chur gu bàs mura toireadh na saighdearan suas. Leig dithis neo triùir sìos na h-airm. Sheall càch air a chèile rithist. Feumar a thuigsinn gur e suidheachadh doirbh a bh' ann. Ma bha thu a' leigeil sìos nan arm, bha thu mar gum bitheadh rùisgte - an aon bhall-cuidichidh a bh' agad gad dhìth. Bha thu mar sin a' sealltainn air an raidhfil mar an aon bhonn-teasraigidh a bh' agad ann an teis-meadhan do dhearg-nàimhdean.

Dè an t-iongnadh, ma-tha, ged a fhuaras òrdan a dhèanamh, ged a bhitheamaid mì-dheònach dealachadh ris an aon nì a dhèanadh diofar eadar bàs is beatha.

"The order has come from High Command," he said, "that the surviving members of the Division should surrender to avoid a massacre."

None of those present could comprehend fully the implications of these words. Not a man standing there had in his heart considered such an eventuality. No-one had the slightest inkling that most of the British army was already in England, having been evacuated from Dunkirk. Surprise was therefore the first emotion that affected our minds. But as the Major continued to speak, the facts began to sink in and we realised the situation was not just dangerous but completely without hope. The enemy that surrounded us had vastly superior numbers and firepower, and there was no way that a boat could possibly get within a mile of the shore. The battle had been fought and the battle had been lost.

The order 'Ground Arms!' was given. The men looked at one another, but each one still kept a death-grip on his rifle. Usually in the army, if an order was disobeyed, it was a serious offence and the guilty would be dealt with accordingly, but this was a different matter.

The order was given a second time, and it was explained to us at the same time that the enemy was ready to destroy the town and kill everyone in it unless the soldiers surrendered. Two or three dropped their weapons. The rest looked at each other again. It has to be understood that this was a difficult dilemma. If you gave up your weapon, it was as if you were naked, without your only support. You regarded your rifle as the sole basic protection you had when amongst deadly enemies.

No wonder, then, that, despite the order, we should be reluctant to part with the one thing that could make the difference between life and death.

Thàinig fras de theine machine-gun tarsainn mullach ar cinn a' leigeil fhaicinn le dearbhadh làidir nach b' e briathran faoine a liubhair iad. Na dhèidh seo leigeadh sìos na h-airm. Thàinig carbad iarainn a-staigh an rathad le grunnan Ghearmailteach fon armaibh nan seasamh ann. Nan dèidh thàinig tuilleadh is tuilleadh.

Bha na caisteil a thog an òige cho àrd sa ghaoith nan sprùilleach air an talamh, 's am measg nan sprùilleach bha iomadh corp òg aig an robh làmh ann an togail nan dearbh chaisteal.

A burst of machine-gun fire over our heads gave convincing demonstration that the threats were not vain. After that the arms were dropped. An armoured truck came down the road with a lot of heavily-armed Germans standing in it. After them came more and more.

The castles built in the air by the young were now in ruins on the ground, and among the rubble lay the bodies of many a young man who had helped to build those very castles.

2. A' Choiseachd Mhòr

Bha a' ghrian cho teth. Bha mi fhìn gu tiachdadh leis a' phàthadh 's cha robh deur sa bhotal uisg' agam. Bha sinn uile sgìth. Bha cion a' bhìdh agus cion a' chadail, 's gu h-àraid an suidheachadh anns an robh sinn na reusan mòr dhan tromasanaich inntinn is cuirp a bh' air ar siubhal. Bha sinn ann am pàirc mhòr fheurach astar goirid a-mach às a' bhaile far an deach ar toirt còmhla nuair an stad an cath. Bha Uibhisteach eile, Ailean Ruadh Thormoid Bhig à Loch Baghasdail, na shuidhe rim thaobh agus dh'iarr mi deoch air. Shìn Ailean dhomh am botal uisge aige fhèin, is chuir mise air mo cheann e. Bha mi cho fior thioram 's nach b' urrainn mi stad dheth, agus gu dearbh cha do dh'fhàg mi mòran ann. Ach nuair a thug mi far mo chinn e, thàinig aileag orm. 'S e Cognac a bh' aig Ailean sa bhotal - 's bha mise air suas ri trì chairteil a' phinnt dheth òl! Shìn mi mi fhìn air an fheur agus an ùine ghoirid bha mi nam shuain chadail.

'S ann mu leth-uair an dèidh deich sa mhadainn a bha seo agus bha e ceithir uairean feasgar nuair a chaidh mo dhùsgadh. Bha cunntais cheudan eadar Frangaich is Breatannaich cruinn còmhla sa phàirc seo, 's a thuilleadh air an sin bha Frangaich Mhorocco ann - daoine dubha. Cha robh na daoine seo a' creidsinn idir ann an gèilleadh - 's e cath gu bàs an dualchas a bh' acasan. Chunnaic mi fear dhiubh - an dèidh an t-sìth èigheach a' mhadainn sin - a' gearradh leum air muin saighdear Gearmailteach 's a' stobadh sgian chaol, fhada na sgòrnan. Chaidh am fear dubh a mharbhadh an ath mhionaid le fras pheilearan bho charbad iarainn.

Feasgar an latha sin thòisich a' choiseachd a mhair còrr is trì seachdainean. Saoilidh mi gu robh barrachd air mìle a dh'fhad, no 's dòcha nas giorra do dhà, anns an loidhne sluaigh a bha coiseachd an rathaid. Bha an dùmhladas sluaigh seo air an geàrd le saighdearan armaichte a' coiseachd air gach taobh, cuid eile ann an carbadan 's air motor-bikes. Mun do dh'fhàg sinn còrsa na Frainge bha ar ceum a' dol seachad taobh na mara, agus chunnaic sinn bàta mòr na laighe astar beag a-mach bhon chòrsa. Thionndaidh tanc Ghearmailteach na

26

2. The Great March

The sun was so hot. I myself was parched with thirst and there was not a drop left in my water-bottle. We were all tired. Lack of food, lack of sleep and, in particular, the situation in which we found ourselves, were the main cause of the heaviness of mind and body that affected us. We were in a large grassy field a short way out of the town where we had been assembled when the fighting ceased. Beside me sat another man from Uist, Alan Mackay, *Ailean Ruadh Thormoid Bhig*,[5] from Lochboisdale, and I asked him for a drink. Alan handed over his own water-bottle and I tipped it up and drank. I was so dry that I could not stop and certainly I left little in it. But when I paused I hiccuped. It was Cognac that Alan had in his bottle and I had drunk nearly three-quarters of a pint of it! I stretched out on the grass and very shortly I was sound asleep.

This was about half past ten in the morning and it was four in the afternoon when I was awakened. There were hundreds of French and British gathered in this field as well as Moroccan French - black men. They did not believe in surrender: their tradition was to fight to the death. I saw one of them - after the cease-fire had been called that morning - leap on a German soldier and stick a long thin knife in his throat. Next moment the black man was killed by a hail of bullets from an armoured car.

That afternoon started the march which was to last longer than three weeks. It seemed to me that the line of men walking the road was more than a mile long - perhaps closer to two. This mass of men was guarded by armed soldiers walking on each side, with others in vehicles and on motor-bikes. Before we left the coast of France our path took us along by the sea, and we saw a big ship lying a little distance out from the shore. A German tank turned its

gunnachan a-mach ris a' mhuir agus loisg iad oirre, agus chunnaic sinn na steallan far na bhuail na sligean glè ghoirid dhith. An ath mhionaid, thàinig teine bhon bhàta fhèin. Bha seo na bu mhiosa buileach. B' fheàrr a bhith marbh le gunnachan na nàmhaid fhèin na le gunnachan ar luchd-dùthcha fhìn, ach 's ann a' sìor tharraing a-mach bhon chladach a bha sinn, agus fhuair sinn cuidhteas sligean a' bhàta.

Cha robh dad a-nis ach coiseachd. Bha sinn ag astarachadh mu dheich cilemeatair fichead gach latha. Feasgar, rachadh ar campachadh ann am pàirc no an àite freagarrach, leis na còtaichean-uachdair nam plaideachan dhuinn. Riaraichte lof Fhrangach no lof de dh'aran seagail Gearmailteach air sianar fhear - no 's dòcha air ochdnar ma bha an t-aran gann. Cha bhiodh cuid an urra dheth ach beag.

Ach iomadh uair an àm coiseachd tro bhaile gheibhte rud a thàradh an siud 's an seo. Bha sinn an latha seo a' dol tro Yvetot, baile beag taitneach air an rathad suas gu Belgium. Bha feadhainn aig an robh beagan airgid 's feadhainn eile gun beagan fhèin. Chaidh fear no dithis a-staigh dhan bhùthaidh san dol seachad a dh'iarraidh rudeigin a ghabhadh ithe - bha na geàird a b' fhaisge pìos air falbh. Ach mun d' fhuair na ceannaichean na dh'iarr iad nan làmhan, bhrùchd mu fhichead againn a-staigh dhan bhùthaidh. Cha robh ùine air pàigheadh mum biodh an geàrd a-staigh nar dèidh agus cha mhotha na sin a bha ùine gus an riaraicheadh fear-frithealaidh na bùtha sinn. Cha robh ann ach gach aon fhear air a shon fhèin, is 's e am fear bu lapaiche bu lugha gheibheadh. 'S e, mar a their iad anns a' Bheurla 'self-service' a bh' ann! Bha cuid mhòr de bhathar na bùtha sgaoilt' air feadh an ùrlair 's a-mach air feadh na sràide, ach bha cuid mhath againne nar pòcaidean agus a-staigh am broilleach nan seacaidean. 'S e tachartas tric a bha na leithid seo an àm dhol tro bhailtean, agus ged a bha urchraichean gan losgadh iomadh uair, cha deach duine b' aithne dhòmhs' a bhualadh. Ach chuala mi rithist gun d' fhuair feadhainn droch leòin an àm togail creiche anns na bùthan.

guns out to sea and fired on her and we saw the splashes where the shells struck very near to her.

Next minute fire was returned from the ship herself. This was worse still. Better to be killed by enemy guns than those of our own countrymen - but we were steadily moving away from the shore and so we got clear of the shells from the ship.

There was nothing for it now but walking. We covered a distance of about thirty kilometres each day. In the evening we would be camped in a field or some such suitable place with our greatcoats for blankets. A French loaf or German rye-bread would be distributed to six men, or to eight if bread was scarce. Each man's share was very little.

But often as we marched through towns there would a chance to forage here and there. One day we were passing through Yvetot, a pretty little town on the road to Belgium. Some men had a little money, while others had not even a little. One or two went into a shop as we passed by to find something to eat - the nearest guards being some way off. But before the shoppers could get their hands on their purchases, about twenty of us burst into the shop. There was no time to pay before the guard would be in after us, nor was there time enough for an assistant to serve us. It was every man for himself, with the weakest getting the least. It was 'self-service'! Much of the shop's goods were strewn on the floor or on the street outside, but we had a goodly part of it in our pockets or stuffed into our uniform blouses. This sort of thing was a common occurrence when we passed through towns, and even though many shots were fired no one that I knew was hit. However, I heard later that some men were badly wounded while raiding shops.

Bha creach mhath eile ri thogail anns na h-iomairean buntàta. Ach dh'fheumte seo a dhèanamh cuideachd a-mach à fianais sùilean geàird. Nam faighte ceithir no còig a bharran a spìonadh, bhiodh pòcannan nam briogaisean 's nan seacaid làn buntàta. Aig deireadh an latha, nuair a stadamaid airson na h-oidhche, rachadh am buntàta a bhruich air teine togte le sgealban beaga fiodh agus le rud sam bith eile às an tigeadh lasair. Abair thusa gu robh iomadh deagh fheust air buntàta goilte nan seacaidean agus air uairean eile ròiste.

Ach smaoinich thusa air dà no trì fichead duine a' cromadh air achadh beag buntàta còmhla - eadhan airson trì mionaidean. Còig cheud slat air n-ais bha uiread eile ann an iomair eile. Mun rachadh suas ri deich mìle duine seachad, tuigidh sibh nach biodh mòran buntàta air fhàgail san talamh. Air rèir choltais, sgaoil an sgeul air feadh na dùthcha mu chreach a' bhuntàta, agus mun do ràinig sinn crìoch Bhelgium, bhiodh na Frangaich le gunnachan 's le bataichean nan seasamh an ceann nan iomairean a' gleidheadh an cuid buntàta air na creachadairean.

Ach chan fhaicinn seo ceàrr idir dhaibh. Bha an saoghal acasan air a dhol buileach troimh-chèile 's cha robh fhios aca gu dè bheireadh an latha màireach no an ath sheachdain mun cuairt. Bha slighe rèidh na beatha a ruith iad fad fichead bliadhna roimhe sin air a spìonadh gu tur às na reumhaichean, 's ged a bha fios aca gu robh acras òirnne, dh'fheumadh iadsan am biadh a chuir iad fhèin san talamh a ghleidheadh dhaibh fhèin. Chan ann dhuinne no do Ghearmailtich a chaidh a chur idir.

Ach bha mòran coibhneis ga nochdadh cuideachd, agus sin gu h-àraid ann am Belgium. Bha fios ro-làimh cò 'n latha bha na prìosanaich gu bhith dol seachad, agus bhiodh tè na seasamh an siud 's an seo le peilichean mòra eanraich. Rachadh na mess-tins againn a lìonadh nan tachradh dhuinn a bhith faisg air a' pheile, is abair thusa gu robh annas an sin. Thilgte lof arain air uairean eile, ach am fear a gheibheadh grèim oirre, 's e e fhèin, mar bu trice, bu lugha aig am biodh dhith mu dheireadh. Chunnaic mi aon fhear a' faighinn lof mar seo. Chaidh suas ri deich paidhrichean làmhan eile an grèim

There was also good plunder to be had in the potato fields, though this too had to be done out of sight of a guard. If four or five plants could be pulled, the pockets of trousers and blouses would be full of potatoes. At the end of the day, when we halted for the night, the potatoes would be cooked on fires made from wood splinters and anything else that might burn. You can bet that there were many feasts of potatoes boiled in their jackets or sometimes roasted.

But think of the effect of forty or sixty men descending on a little field of potatoes, even for three minutes. Five hundred yards behind there would be just as many in another field. By the time ten thousand men had passed, you can understand there would not be many potatoes left in the ground. Apparently news of the potato looting spread throughout the country, so that before we reached the Belgian border the French would be standing at the end of their fields with guns and sticks to protect their crop from the raiders.

I could not blame them for that. Their world had been completely disrupted and they knew not what the next day or week might bring. The even tenor of the life they had led for the previous twenty years had been turned upside-down and, though they knew that we were hungry, they had to preserve the food they had planted for themselves. It had certainly not been planted for us or the Germans.

But much kindness was also shown - especially in Belgium. The day the prisoners were to pass would be known beforehand and women would stand here and there with great pails of soup. Our mess-tins would be filled if we should happen to be close to the pail, and that was a rare treat. At other times a loaf would be thrown, but often the man who caught it had the least of it in the end. I saw one man catching a loaf like this. About ten pairs of hands grabbed at it and

innte, 's cha robh aige fhèin air fhàgail dhith mu dheireadh ach na bha 'n grèim na dheich ìnean.

Bha daoine a' sìor choiseachd, 's fad an latha fo throm-theas na grèine 's a' stad feasgar far am faiceadh na geàird freagarrach. Ma bha an teas doirbh fhulang feadh an latha, bha am fuachd fada na bu mhiosa feadh na h-oidhche. Cha robh na còtaichean uachdair fhèin a-nis aig a' mhòr-chuid - chaidh am fàgail gus a bhith na b' aotruime - 's cha robh dad ach cadal air a' chnoc lom gun èideadh uachdair sam bith. Cadal carran corrach, ach le sgìths coiseachd an latha, cadal air a shon sin.

Bha casan a' trèigsinn. Dh'atadh builgeanan mòr uisge air bonnan nan cas agus, mun gabhadh cas a chur air n-ais ann am bròig nuair a bheirte às i, dh'fheumt' am builgean a tholladh agus an t-uisge a leigeil às. Sin nuair a bhiodh an cràdh ceart ann. Cha dèanadh e mòran feum suidhe an taobh an rathaid. Phiobraicheadh buille ghoirt de stoc raidhfil a' gheàird nad sheasamh gu h-ealamh thu agus chuireadh brodadh na beuglaid gu coiseachd thu, goirt is gu robh do chasan.

Aon latha air an rathad tro Bhelgium thàinig càr beag 's e a' tarraing trèilear às a dhèidh. Bha còignear no sianar againn ann am baidean beag mu mhìle air deireadh air càch - bha sinn air tuiteam air chùl le casan goirte. Leum gach fear chun a' chàr. Lìonadh an trèilear - cha ghabhadh e ach mu shia daoine - 's mun d' fhuair mise na bhroinn bha e làn. Ach cha bhithinn air mo bheatadh! Leum mi air cùl a' chàr eadar e 's an trèilear agus ghreimich mi ris an spare wheel a bha ceangailte ri cùl a' chàr. Dh'fhalbh an càr, agus dh'fhalbh e gu math. Leis a' chuideam a bh' anns an trèilear às a dhèidh, bha an car a' snìomh a-null 's a-nall, 's bha mise a' sìor shleamhnachadh sìos eadar an dà inneal. Bha a' ghaoth a bha e tarraing an impis mo thilgeadh dheth, ach bha mo dheich ìnean an an grèim-bàis ris an roth agus gun mi faighinn m' anail ach le riasladh. Stad geàrd an càr an dèidh mu dhà no trì mhìltean dhe seo, agus bha mise gu math taingeil mo chasan fhaighinn air an làr, crùbach, cuagach mar a bha mi. Bha mo cheann a' dol mun cuairt mar mhuileann-gaoithe.

all that he was left with was what was trapped in his ten finger-nails!

Always the men walked, all day in the full heat of the sun, with a stop in the evening where the guards saw fit. If the heat was difficult to endure during the day, the cold of the night was worse. By now very few still had their greatcoats - they had been abandoned to save weight - and so there was nothing for it but to sleep on bare ground without any kind of cover. It was a somewhat restless sleep, but after the fatigue of the day's march, sleep nevertheless.

Feet started to give out. Great water blisters would form on soles, and before feet could be put back in the boots, these had to be burst to release the fluid. That was when the real pain started. It was no good sitting down by the side of the road. A heavy blow from a guard's rifle butt would impel you quickly upright and the prodding of a bayonet would force you to walk, however painful your feet.

One day, on the way through Belgium, a little car came along pulling a trailer. There were five or six of us in a little group trailing about a mile after the rest, having fallen behind with sore feet. Every man leapt at the car. The trailer filled but it would take only six, so that it was full before I could get in. But I was not to be beaten! I jumped on the back of the car between it and the trailer and grabbed a hold of the spare wheel tied to the back. The car went off at a goodly rate. With the weight in the trailer behind, the car was snaking from side to side and I kept slipping down between the two vehicles. The wind blast was close to blowing me off, but my ten nails had a death-grip on the spare wheel, though it was a struggle to breathe. A guard stopped the car after about two or three miles of this and I was very thankful to get my feet back on the ground, hunched and lame though I was. My head was spinning like a windmill.

Thug iomadh fear suas. Bha cion a' bhìdh agus an sgìths na mheadhan do ghu leòr toirt fairis agus sìneadh ri taobh an rathaid. Dè thachair dhaibh sin uile chan eil cinnt agam. Chaidh feadhainn aca gun teagamh a ghiùlan ann an carbadan, ach 's e mo bheachd gun deach gu leòr dhiubh a chur às an rathad. Cha robh mòran prìs air beatha duine san àm ud, ach ceart mar gum pronnadh tu cuileag a laigheadh air do shròin. Tìm dhubh da-rìribh. 'S e am pathadh agus cion an uisge bu mhotha a bha a' cur ri ar fulangas. 'S e beannachadh mòr a bh' ann am fras uisge, gu h-àraid goirid do thaighean, oir gheibheadh neach leum a-null le roid agus an t-uisge a bha a' tuiteam far mullach an taighe a ghlacadh ann an crogan, no anns a' mhess-tin. Bha balgam dhen uisge a gheibhte mar seo cho milis agus cho blasta ris an fhìon bu daoire a bha san Fhraing.

Mar a thuirt mi cheana, bha mòran coibhneis ga shealltainn dhuinn air an rathad tro Bhelgium. Bha e follaiseach cuideachd gu robh sluagh Bhelgium na bu ghoimheile dha na Gearmailtich na bha na Frangaich. Nuair a bhiodh boireannaich a-muigh le peilichean eanraich, thigeadh an geàrd mun cuairt le breab air a' pheile nam biodh e faisg, agus bhiodh gach deur na bhroinn air feadh a' chnuic. Ach gheibheadh esan e fhèin innse dha ann am briathran nach biodh freagarrach an sgrìobhadh sìos ann an seo, agus chunnaic mi eadhan tè no dhà a' dalladh air fear dhiubh seo le deagh bhreaban.

Nuair a ràinig sinn fearann na h-Olaind, chuireadh feadhainn ann an carbadan 's feadhainn eile an trugaichean beaga trèana a bha a' ruith air rathad-iarainn tro na sràidean agus tro chuid dhe na rathaidean mòra. Tha deagh chuimhne agam gun d' fhuair mo cheann droch bhuille agus mi ruigheachas a-mach thar cliathaich na trug air lof arainn a bha boireannach a' sìneadh dhuinn san dol seachad. Chan fhaca mi idir am pòla mòr a bha 'n taobh an rathaid gus na choinnich mo cheann agus e fhèin a chèile. Ach ged a chaidh mo shaoghal-sa dubh an dèidh na ciad lasair ghil, cha do chaill mi idir grèim air an lof!

Many a man gave up. Hunger and fatigue were the reasons that many became exhausted and fell by the wayside. What happened to them all I cannot be sure. Undoubtedly some were transported in trucks, but I think many were simply eliminated. Human life was not worth much then - it was just like crushing a fly that landed on your nose. A black time indeed.

Thirst and lack of water were the worst of our sufferings. A shower of rain was a great blessing - particularly close to houses - for one could rush across and catch the water draining from the roof in a jar or mess-tin. A mouthful of water collected in this way was as sweet as and tastier than the most expensive wine in France.

As I have already mentioned, we were shown much kindness on our way through Belgium. It was obvious too that the people of Belgium were more antagonistic to the Germans than the French. When the women came out with pots of soup, a guard would kick them over if he came near. Every drop would be spilt on the ground, but he would be reviled in language not fit to repeat here - and I even saw one attacked and heartily kicked by some women.

When we reached the soil of Holland, some men were put in vehicles and some in little railway trucks which ran on tracks through the streets and some highways. I well remember that I received a heavy blow on the head when I reached out from the side of the truck to grab a loaf which a woman offered us in passing. I did not see the great pole by the side of the road until it met my head. But though my world went black after the first white flash, I did not lose my grip on the bread!

Bidh e furasta a thuigsinn, an dèidh trì seachdainean air an dol-air-adhart seo, gun mòran bidhe agus a' cadal nad aodach, gum biodh duine air a phlàigheadh le mialan, agus tric nuair a stadadh a' choiseachd feasgar, chìthte fear thall 's a bhos 's a lèine air a ghlùinean, a' marbhadh mhial. Ach cho mòr 's gu marbhadh duine, bha na biastan fhathast a' sìolachadh a sheachd fillte, gus nach gann nach coisicheadh an t-aodach dhìot. B' ann san t-suidheachadh sin a ràinig sinn laimrig thrang san Olaind, ceann-uidhe a bha ciallachadh deireadh na coiseachd, ach toiseach tuilleadh acrais is pathaidh is fulangais fad cheithir latha a' seòladh suas an Abhainn Rhine.

It will be easily understood that after three weeks of this sort of life, without much food and sleeping in our clothes, a man would be plagued with lice. Often, when we stopped in the evening, a man could be seen here and there with his shirt about his shoulders, killing lice. But however many you killed, the bugs multiplied sevenfold, so that your clothes could almost walk off your back. This was the state in which we reached a busy harbour in Holland, a destination which meant the end of the marching but the beginning of more hunger, thirst and suffering for four days sailing up the River Rhine.

3. Am Bàirdse

Bha seachd no h-ochd de bhàirdseas aig na laimrigean seo. 'S e rathad-uisge trang a th' anns an Rhine an àm sìthe, leis gach seòrsa bàta sìos is suas oirre, ach an turas seo bha i a' dol a ghiùlain luchd eadar-dhealaichte bhon àbhaist, làn trì no ceithir de bhàirdseas de phrìosanaich-cogaidh air an t-slighe chruaidh-chàsach gu bràighdeanas cuingeil Hitler. Do neach sam bith aig a bheil sùil do dh'fhìor bhòidhchead dùthcha 's a ghabhas tlachd ann am maise nàdair, tha seallaidhean nach gabh dìochuimhneachadh a' tighinn mion air mhion fo chomhair a shùilean air a thuras a' seòladh suas an Abhainn Rhine. Tha seo gu buileach cinnteach eadar baile Bonn is Bingen. Ged nach do ràinig sinne cho fad' sin a deas oirre an turas seo, bha seallaidhean air leth taitneach dhan t-sùil ri lèirsinn ann - ach sin a-mhàin aig sùil na saorsa agus chan e sùil na trom-dhaorsa nach urrainn tlachd fhaotainn à bòidhchead eadhan aig a làn-mhaise.

Chaidh lof bheag chruinn arain an urra a thoirt dhuinn, agus chuireadh air bòrd sa bhàirdse sinn. Nan robh fios ro-làimh air a bhith againn gum bitheamaid ceithir latha air bòrd, cha bhiodh a' mhòr-chuid dhen lof air a h-ithe idir a' chiad fheasgar. Ach bha beagan de bhuntàta 's de churrain Bhelgium nar pòcaidean fhathast.

Bha mi fhìn ag ionndrain an uaireadair. Cheannaich mi an Inbhir Nis e aig toiseach a' chogaidh an dèidh dhuinn a' chiad phàigheadh fhaighinn. Cho fad 's as cuimhne leam, 's e còig tasdain deug a chosg e. Reic mi ri Belgian e seachdain roimhe sin airson deich siogaraits is bìdeag arain.

Ach chan e cion na h-uarach a bha a' dol a dh'fheuchainn rinn an seo idir ach cion a' bhìdh. Bha sinn pacaichte gu h-ìseal ann an toll a' bhàirdse mar na sardines; cha robh agad ach d' fhad 's do leud fhèin ann. Bha an deic gu h-àrd a cheart cho làn, 's a bharrachd air teas na grèine feadh an latha, bha blàths murtaidh anail nan daoine a' toirt tromasanaich cadail ort, oir cha robh air fhàgail de dh'fhosgladh ach far am faigheadh duine mu seach suas gu h-àrd air an fhàradh.

3. The Barge

There were seven or eight barges at these wharves. The Rhine is a busy waterway in peacetime, with every kind of boat sailing up and down the river, but this time it was to carry an unusual load - three or four barges full of prisoners of war on their wretched journey into Hitler's yoke of bondage. To anyone who has an eye for wonderful scenery and who takes pleasure in the beauty of nature, unforgettable scenes are revealed little by little on his journey as he sails up the Rhine. This is especially so between the towns of Bonn and Bingen. Even though we did not get that far south on this occasion, there were some scenes delightful to the eye - but only to the eye of freedom and not to the heavy eye of the prisoner who can get no pleasure from beauty even at its fairest.

We were given a little round loaf of bread each and we were put on board the barges. If we had known beforehand that we were to be four days aboard, we would not have eaten most of the loaf that first afternoon. But we still had a little of the potatoes and carrots of Belgium in our pockets.

I missed my watch. I had bought it in Inverness at the beginning of the war after we received our first pay. As far as I remember, it cost fifteen shillings. I had sold it to a Belgian the week before for ten cigarettes and a bit of bread.

But the lack of a watch was not going to be our worst problem now but the lack of food. We were packed below in the hold of the barge like sardines; you had only your own length and breadth. The deck above was just as crowded. As well as the heat of the sun during the day, the suffocating warmth of the men's breath made you heavy and sleepy, for there was an opening for only one at a time to stand at the top of the ladder.

Cha robh na bàirdseas a' dèanamh mòran astair - 's e siubhal fadalach, slaodach a bh' aca. Chaidh crìoch air na dh'fhàgadh dhen aran an dàrna latha, 's bha sinn a-nis am freasdal smodal buntàt' is churran, dìleab à creach Bhelgium 's na Frainge. 'S e aon stòbh a bh' anns a' bhàirdse, agus mar sin, 's ann ainneamh a gheibheadh duine cothrom air rud mar a bha buntàta a bhruich, a chionn bha buntàta ri bhruich aig a h-uile fear.

Ged a bha an t-acras trom òirnn, bha miann smoc gu math làidir cuideachd. Cha do mhair na siogaraits a fhuair mise air an uaireadair ach aon latha. Chaidh Dòmhnall Iain Moireasdan à Uibhist suas aon latha chun na stòbh le pana beag làn buntàta gus a bhruich. Bha Frangach a' còcaireachd rudeigin roimhe, agus 's ann a thill mo liadh a-nuas le deich siogaraits. Ach bha tuilleadh buntàt' againn, 's ged a bha an t-acras fhèin òirnn, ghabh sinn deagh smoc.

Thug gille a mhuinntir Phàislig bìdeag arain a-mach à broilleach na seacaid, na bh' air fhàgail dhen lof a fhuair e a' chiad latha. Bha am pìos arain a' gluasad le mialan. Duine sam bith nach do dh'fhairich is nach do dh'fhiosraich acras riamh na bheatha, bidh e car doirbh dha a chreidsinn nach do rinn am fear seo ach na mialan a sgrìobadh dheth le chorragan, agus dh'ith e an t-aran! Ann an staid dhen t-seòrsa seo, tha gach neach is bàidh aige ri bheatha is chan eil e mach ach air a shon fhèin. Ma ghèilleas tu do lapachd sam bith, tha thu caillte. Cha robh fear againne nach dèanadh a cheart leithid 's a rinn esan, ach an t-aran a bhith againn.

'S e am pathadh bu mhotha deuchainn, ged a bha an t-acras dona. Bha feadhainn dhe na gillean a' leigeil crogan sìos dhan abhainn, le sreang ceangailte ris. Shlaodadh iad a-nuas an crogan leis an t-sreing agus dh'òladh iad an t-uisge. Chan fheum neart cumhachd-inntinn mhòr sam bith a bhith aig duine gus tuigsinn gu dè an seòrs' uisge a th' anns an Abhainn Rhine, no an abhainn sam bith a tha a' ruith tro bhailtean mòra 's tro àiteachan gnìomhachais. Mar sin, cha bhi e na iongnadh do dhuine gu robh an fheadhainn sin air leth truagh is tinn le sgaoileadh-mionaich an dèidh an t-uisge sin òl, agus a thaobh 's nach robh biadh nam broinn, 's e an fhuil bu mhotha a bha a' tighinn bhuapa.

The barges made very little speed; theirs was a slow and tedious journey.[6] By the second day we had finished what was left of the bread and were now dependent on a few scraps of potatoes and carrots - legacies of the foraging in Belgium and France. There was only one stove on the barge, so that only rarely could a man get a chance to cook anything like potatoes - for everyone had some.

Though we were troubled by hunger, the craving for a smoke was powerful too. The cigarettes I got for my watch lasted only a day. Donald John Morrison from Uist[7] went up one day to the stove to boil a little pan of potatoes. A Frenchman was cooking something before him and what did my boy do but return instead with ten cigarettes. But we had more potatoes and, despite the hunger, we had a good smoke!

A lad from Paisley took a bit of bread out of the breast of his jacket: all that was left of the loaf he was given on the first day. The scrap of bread was alive with lice. For anyone who has never known or suffered hunger in his life, it might be hard to believe that all he did was scrape the lice off with his fingers and eat the bread. In this kind of state, each man clings to life and cares only for himself. If you yield to weakness of any sort, you are lost. There was not one of us who would not have done the same, if only we had had the bread.

Although the hunger was bad, thirst was the greatest ordeal. Some lowered tins tied to strings into the river. They would haul the tin up by the string and drink the water. You do not need too much imagination to realise what kind of water runs in the Rhine, or in any river that flows through cities and industrial areas. And so it was no wonder that those men were left miserable and sick with diarrhoea after drinking the water. As they had no food in their bellies, it was mostly blood they were passing.

41

Chunnaic mi Donnchadh Iagain Ruairidh à Dalabrog latha ag ithe buntàta. "Gu dè mar a fhuair thu a bhruich?" arsa mise. "Cha do bhruich mi idir e," ars esan. "Bha feadhainn eile romham aig an stòbh, ach thòisich mi air ithe amh mar a bha e. Feuch thus' e 's gu faiceadh tu cho math 's a tha e." Bha Donnchadh ga ghearradh sìos na shlisnean tana is ga bhogadh ann an salann a fhuair e bho Fhrangach. Dh'fheuch mi fhìn dòigh Dhonnchaidh, agus feumaidh mi aideachadh gu robh e air leth blasta, 's dh'ith sinn dhen bhuntàta amh gus an robh sinn buidheach nar dithis. Chan eil teagamh nach toir an t-acras deagh bhlas air rud sam bith, ach gu dearbh chan ithinn am buntàt' amh an-diugh. Fhuair gu leòr deuchainn ghoirt le droch stamagan na dhèidh seo anns a' Ghearmailt 's bha mi fhìn air fear dhiubh sin. Bha cuid eadhan a fhuair am bàs ri linn. Bha dotairean ag ràdh gun do rinn droch bhiadh amh air stamagan falamh an suidheachadh a bha seo a thoirt gu bith.

Bha aon aisling na fìor dhroch throm-laighe dhomh fhìn a h-uile turas a chaidlinn, 's tha i cheart cho ùr nam shùilean an-diugh agus a bha i air a' bharge. Bhithinn a' faicinn bucaidean loma-làn uisge a' seòladh sa ghaoith air mo bheulaibh, ach a h-uile turas a dh'fheuchain ri grèim a dhèanamh air tè dhiubh, 's mo theanga a-mach chun an uisge, bha a' bhucaid a' teannadh air falbh bhuam. Bha mo chridhe mach gu balgam dheth, mo liopan 's mo theanga cho tioram ri èibhleag theine, ach mar bu mhotha a rachainn às dèidh na bucaid, 's ann a b' fhaide a theannadh i bhuam. Tha mi a' smaointinn gu robh am bruadar breisleanach seo na bu truime orm na 'm pathadh fhèin agus 's ann a bhithinn eadhan toilichte nuair a dhùisginn.

Ach chan eil dad nach tig gu crìch, math no dona e. Tharraing na barges a-staigh gu cidhe 's chaidh an ceangal suas. Aig an àm cha robh fios no forfhais againne dè an dearbh bhad anns an robh sinn. An ceann ùine chaidh ar toirt a-mach. Mhothaich sinn an uair sin gur h-e baile Emmerich a bha seo, agus thuig sinn gu robh sinn air fearann nàimhdeil. Bha ar cas air fonn na Gearmailt. Chaidh an sin ar toirt gu tallachan mòra an iomall a' bhaile - chan eil mi cinnteach dè na tògalaichean a bh' ann, taighean-sgoile, 's dòcha, no tallaichean baile - ach ge b' e dè bh' annta, 's ann an sin a fhuair sinne a' chiad blasad air neo-thruaicheantas ar luchd-fòirneirt.

One day I saw Duncan MacCormick, Donnchadh Iagain
Ruairidh from Daliburgh, eating potatoes.[8]
"How did you cook them?" I asked.
"I didn't cook them at all," he said. "There were others
before me at the stove, so I just started to eat them raw as they
were. Try it and you'll see how good it is." Duncan was cutting
them up in thin slices and dipping them in some salt he got
from a Frenchman. I tried Duncan's way myself and I have to
admit it was very tasty. We ate raw potato till we were full.
There is no doubt that hunger makes anything taste good, but
I certainly would not eat raw potato now. Many suffered a lot
of stomach trouble after this in Germany, myself among them.
Some even died because of it. Doctors said that poor food,
eaten raw on an empty stomach, brought this situation about.

One dream was a particularly bad nightmare for me every
time I slept, and it is just as vivid before my eyes today as it
was on the barge. I would see buckets full of water sailing on
the wind before me, but every time I tried to grab one, with my
tongue reaching out for the water, the bucket would move away
from me. My heart was desperate for a drop of it; my lips and
tongue were as dry as embers of fire, but the more I pursued
the bucket the farther away it went. I think that this harrowing
dream was even worse than the thirst itself, so that it was a
relief to wake up.

But there is nothing, good or bad, that does not end
eventually. The barges drew into a quay and tied up. At the
time we had not the slightest knowledge of where exactly we
were. After some time we were brought out. We then noticed
that this was the town of Emmerich[9] and we realised that we
were on enemy soil. We stood on German land. We were then
taken to large halls on the outskirts of the town. I am not sure
what buildings they were - schools, perhaps, or town halls -
but whatever they were, it was there we had the first taste of
the cruelty of our oppressors.

4. A' Chiad Champa

Nuair a dh'èirinn nam sheasamh, bha tuaineal a' tighinn nam cheann. Bha soilleireachd an latha a' dol dubh orm 's dh'fheumainn grèim a dhèanamh air an tacs' a b' fhaisg orm no thuitinn gu làr. 'S e cion a' bhìdh an reusan bu mhotha a bhith san staid dheireannach seo, ach bha gu leòr aig mòr-sgìths na colainn, an co-chomann ri còrr is trì seachdainean de chadal bristeach, ri dhèanamh ris cuideachd, agus bha a' mhòr-chuid againn air an aon ràmh.

Bha sinn anns an talla mhòir a dh'ainmich mi mu thràth. Bha sinn uile rùisgte mar a rugadh sinn. Chaidh an t-aodach a thoirt bhuainn gus a ghlanadh agus gun teagamh bha e feumach air a sin. Bha dithis is triùir mu seach a-nis gan toirt a-mach do rum eile, ach carson, cha robh fios fhathast. Bha Gearmailteach dubh na sheasamh aig an doras, agus mura biodh duine luath gu leòr a' dol a-mach seachad air, bha stràc aige tarsainn an droma le cuip chaol dhuibh a bh' aige na làimh. Shàbhail mise air a' chuip an àm a dhol a-mach, ach bha iomadh duine bochd eile ann a bha àillte mhòr dhearg tarsainn a shlinneanan far na lùb a' chuip le neart gàirdean an fhir dhuibh air.

Nuair a ràinig mi fhìn 's an dithis a bha còmla rium an rùm eile, chaidh beairt-gearraidh gruaige a chur tro ar gruaig, 's bha na cinn againn a cheart cho lom 's ged a chuirt' an ràsar oirnn. Mar an ceudna chaidh an t-uchd agus ìochdar na broinne a lomadh, agus thilleadh dhan chiad rum air ais sinn gus am biodh an t-aodach deiseil glan. Uair no dhà thàinig fear na cuip mun cuairt air ar feadh le buille thall 's a-bhos, ach cha do dh'amais dhòmhsa buille fhaighinn idir, ach bha mi cumail sùil gheur mun tigeadh i orm gun fhiost.

Fhuair sinn bobhla de stuth geal mar gum biodh brochan. Cha do dh'fhan sinn ri fhiosrachadh gu dè am blas a bh' air; ghlàm sinn suas e ged bu phuinnsean e. Ge b' e dè bh' ann, bha e blàth, agus lìon e an toll falamh a bh' anns an stamaig.

Na dhèidh seo, chaidh ar dinneadh air muin a chèile ann an carbadan-cruidh. Bha smodal connlaich air an ùrlar - leapannan

4. The First Camp

When I got to my feet, my head felt dizzy. The light of day darkened for me and I had to grab the nearest support or I would have fallen to the ground. Lack of food was the major reason for this sorry state, but chronic fatigue - together with more than three weeks of broken sleep - had a lot to do with it as well. Most of us were the same way.

We were gathered in the great hall which I have already mentioned. We were all as naked as the day we were born, our clothing having been taken from us for cleaning - which it certainly needed. Now two or three of us at a time would be taken out to another room, but for what reason we did not yet know. A dark-haired German[10] stood at the door and anyone who did not pass him quickly enough would be lashed across the back with a slim black whip he held in his hand. I escaped the whip when my turn came, but there was many another poor fellow who had a huge red weal across his shoulders where the whip had curled with all of the dark man's strength of arm.

When my two companions and I reached the other room, clippers were passed over our hair till our heads were as bald as though they had been shaved. In the same way our chests and groins were sheared, and we were then returned to the first room until our clothes were cleaned and ready. Once or twice the one with the whip passed among us with a blow here and there, but I managed to avoid being struck by keeping a sharp eye lest I be caught unawares.

We were given a bowl of some white stuff like porridge. We did not pause to question the taste of it but gulped it down regardless of whether it might be poison. Whatever it was, it was warm and filled the empty hole in our stomachs.

After that we were crammed on top of one another into cattle trucks. There was a scattering of straw on the floor - bedding

45

a' chruidh a bh' annta mu dheireadh, tha mi creidsinn, ach bha 'n smodal seo gu bhith a-nis na leabaidh againne fad còrr is ceithir uairean fichead, gun bhiadh gun deoch, air ar slighe tarsainn fearann coimheach na Gearmailt.

Stad an trèana seo mu dheireadh aig stèisean agus dh'fhosgladh an carbad-cruidh. Thugadh sinne mach, agus chunnaic sinn an t-ainm Bad Sulza. Bha sinn air ar ceann-uidhe a ruighinn, cairtealan-cinn Stalag IXc ann an teis-meadhan na Gearmailt.

Thugadh pleit beag an urra dhuinn an seo le figearan àraid sgrìobht' orra. Bho seo suas 's e prìosanach-cogaidh 1197 a bh' annamsa ann an sùilean àrd-chumhachdan na Gearmailt. Feumaidh mi aideachadh gu robh cùisean air an deagh riaghladh aca. Bha gach dad deasaichte ro-làimh. Bha ceathrar no còignear nan suidhe aig deasgaichean a' gabhail t' ainm, do rèiseamaid agus an ceàrn de Bhreatainn dham buineadh tu. 'S e fear cnagach bàn a cheasnaich mise. Bha coltas an donais fhèin air agus gu dearbh cha robh mi diombach nuair a fhuair mi mo chùl ris. Nuair a dh'inns mi dha na dh'fhaighneachd e thuirt e rium: "A bheil Gàidhlig agad?" "Tha," arsa mise.

"Suidh shuas an siud, ma-ta," ars esan agus e a' stiùireadh le chorraig gu ceann shuas an t-seòmair. Bha deagh Bheurla aige.

Chaidh mise suas far na dh'iarr e agus bha ceathrar no còignear de ghillean Uibhist an sin romham. Cha b' fhada gus an tàinig tuilleadh dhiubh. Air rèir choltais bha iad a' faighneachd ceist na Gàidhlig dhen h-uile fear a bha à ceann a tuath Albainn, agus na bha iad a' faighinn dhiubh aig an robh i, bha iad gan cur còmhla. Chaidh sinne, ma-tha, luchd na Gàidhlig, le beagan Ghall leinn, a chur air leth gus a dhol gu Camp Obrach 323, cuaraidh chlach ann am baile Freyburg.

'S e latha soilleir, grianach a bh' ann nuair a ràinig sinn stèisean Freyburg. Bha trì geàird leinn, saighdearan às a' Wehrmacht. B' e a' Wehrmacht prìomh-arm na Gearmailt, eadar-dhealaichte gu tur bhon SS. B' e an SS na fìor 'Hitlerites', agus iad dlùth-thoinnte anns a' phartaidh Nazi, agus bha eadhan seòrsa de dh'fhiamh aig saighdearan na Wehrmacht fhèin romhpa.

46

for the cattle that had used them last, I expect. But this litter
was now to serve as our bedding for more than twenty-four
hours without food or water on our journey across the alien
land of Germany.

This train halted at last at a station and the cattle-truck was
opened. We were taken out and saw the name Bad Sulza. We
had reached our destination: the headquarters of Stalag IXc
in the very middle of Germany.[11]

Here we were each given a little plate with individual
numbers written on it. From now on I was prisoner of war
1197 in the eyes of the German High Command. I have to
admit they were well organised. Everything had been prepared
beforehand. Four or five men sat at desks taking your name,
regiment and home area of Britain. It was a stern-faced
blonde man who questioned me. He looked like the very
devil and I was certainly relieved to get past him. When I
had answered his questions he then asked: "Do you speak
Gaelic?" "Yes," said I. "Sit over there, then," he said, pointing
with his finger to the upper end of the room. His English
was good.

I went where he had directed and found four or five Uist
boys there before me. It was not long before more arrived.
Apparently they were asking the Gaelic question of every one
from Northern Scotland, and all those they found who spoke it
were being put together. And so we Gaelic speakers - with a
few Lowlanders - were separated out to go to Work Camp 323,
a stone quarry in the town of Freyburg.[12]

It was a bright, sunny day when we reached Freyburg
station. We were accompanied by three guards, Wehrmacht
soldiers. The Wehrmacht was the main army of Germany, quite
separate from the SS.[13] The SS were the real Hitlerites, closely
involved in the Nazi party. Even the soldiers of the Wehrmacht
were somewhat apprehensive of them.

'S ann le eagal a bha an dùthaich air a riaghladh. Chanadh fear-obrach Gearmailteach rudan riumsa mu dhèidhinn riaghaltas na dùthcha nach leigeadh eagal fhèin leis a ràdh ri fear dhe a luchd-dùthcha fhèin. Bha saorsa-bruidhne air a thachdadh nan amhaichean le eagal gnogadh a' mheadhain-oidhche aig an dorsan, gnogadh aig nach robh ach aon bhreithneachadh - falbh gun tilleadh.

Bha an seòrsa falbh a bha seo bitheanta gu leòr ann an Gearmailt Hitler. Nuair a thèid a h-uile fear droch-bheairt, sgìom is diùdhaidh a' chinne-daonnda, a chruinneachadh còmhla ann an dùthaich sam bith, ùghdarras a thoirt dhaibh is cumhachd làidir a bhuileachadh orra, faodar a thuigsinn gu dè cor na dùthcha a bhios sin. 'S ann dhen chlas dhaoine seo a bha a' mhòr-chuid dhen Ghestapo (facal goirid air *Geheime Staatspolizei*).

Cha do thachair mise ris a' Ghestapo aodann ri aodann ach aon turas - cha robh ùghdarras ac' òirnne mar phrìosanaich-cogaidh ann - ach dhèanadh an turas sin fhèin an gnothach. Bheir mi iomradh air an tachartas sin ann an caibideil eile. 'S e prìosanaich phoiliticeach a bha an Gestapo an urra riutha. Cha robh lagh eadar-nàiseanta de sheòrsa sam bith na chùl-taic aig prìosanaich mar seo. Bha iad fo bhinn brùidealachd ana-cneasda na buidhne seo, aig nach robh an aon driùchd a b' fhaoine de thròcair nan cridheachan deighe.

'S e baile beag bòidheach a bh' ann am Freyburg, le fìon-liosan mòra mu thimcheall, sgaoilte air aghaidh nan cnoc àrda ri aodann na grèine. Bha mòran fìon ga dhèanamh sa bhaile, 's bha seilearan gu h-ìseal fon talamh far an robh na ceudan gallan dheth. Ach cha b' ann dha na fìon-liosan a bha sinne dol a dh'obair idir ach dhan chuaraidh a bha suas ri ceithir mìle mach às a' bhaile air mullach beinne.

Bha ar cairtealan-fuirich sa bhaile glè mhath. Togail de thaigh mòr le grunnan uinneagan, rùm-cadail agus rùm-fuirich, agus le rumannan beag eile aig na geàird. Bha a' chiad gheamhradh ann am Freyburg doirbh dha-rìribh. Bha sinn gun aodach dòigheil ach na peallagan a bh' òirnn nuair a ghlacadh sinn. Bha na lèintean 's na stocainnean air cnàmh agus le obair na cuaradh bha na brògan 's na briogaisean nan tollan - agus fuachd

The country was ruled by fear. A German workman would tell me things about the Government of the country that he would be too frightened to say to one of his fellow-countrymen. Freedom of speech was stifled in their throats for fear of the midnight knock at their doors: a knock which would have only one outcome - disappearance without return.

This sort of disappearance was common enough in Hitler's Germany. When all the criminals, scum and worst of mankind are brought together in any country, given authority and granted great power, the state of that country can be imagined. It was from that class of people that most of the Gestapo had been recruited. (Gestapo was short for *Geheime Staatspolizei* - Secret State Police.)

I met the Gestapo face to face on only one occasion - for they had no authority over us as prisoners of war - but that occasion was quite enough. I will touch on that meeting in another chapter. The Gestapo's responsibility was for political prisoners. There was no international law of any kind to protect such prisoners. They were subjected to the cruel brutality of this group, who had not the slightest drop of pity within their icy hearts.

Freyburg was a small, pretty town, surrounded by large vineyards spread out on the slopes of the high hills facing the sun. Much wine was made in the town and there were underground cellars containing hundreds of gallons of it. But it was not in the vineyards that we were destined to work but in the quarry about four miles out of town.

Our living-quarters in the town were quite good - a large building with lots of windows with a dormitory and living-room and other small rooms for the guards. However, the first winter in Freyburg was hard indeed. We had no proper clothing except for the rags of the uniform we had been wearing when captured. Shirts and socks had worn away and, through work in the quarry, boots and trousers were full of holes, while the cold

ann nach robh a leithid riamh anns an dùthaich a bha seo. Chan eil teagamh nach robh am fuachd na bu mhiosa a thaobh cion biadh ceart is deagh aodach, ach cha do dh'fhàg sin dad na b' fhasa fhulang e. Chuirt' às an leabaidh sinn aig còig uairean sa mhadainn. Bheireamaid trì chairteil na h-uarach a' coiseachd gu mullach a' chnuic far an robh a' chuaraidh. Bha sinn ag obair o sheachd sa mhadainn gu sia feasgar. Math no dona an latha, dh'fheumte tionndadh a-mach, 's nan toireadh an luchd obrach aca fhèin suas gheibheadh sinne mar an ceudna air n-ais dhan champa. Ach dh'fheumadh an t-àite bhith dùinte buileach le sneachda mun gèilleadh iadsan.

Bha parsailean na Crois Dheirg gun tòiseachadh an geamhradh ud agus cha robh againn ach an cuibhreann mì-shàsachail a bha iad fhèin a' roinn òirnn. Cha robh seo mòr air rèir na h-obrach ach gun cumadh e anam is corp ri chèile. A thuilleadh air a sin bha sinn gun siogaraits. Bha feadhainn dhiùbhsan glè chòir mu dheidhinn smoc. Bha mi fhìn ag obair tric còmhla ri fear Otto Billing, 's nuair a bhiodh an siogarait aige letheach, leigeadh e às air cloich e. Chuirinn-sa crìoch air a' chòrr dheth. Cha robh an luchd-obrach seo ach mar a bha sinn fhìn. Bha iad nam prìosanaich ann an seagh dealaichte bhuainne, ach nam prìosanaich air a shon sin.

Bha Gàidhlig gu leòr a' dol sa champa seo. Bha mu sheachd duine deug againn ann eadar Uibhist a Deas is Uibhist a Tuath, le beagan Ghall nar measg. Ach bha tuilleadh is tuilleadh a' tighinn, agus mar a thachair an Albainn fhèin, bha a' Bheurla a' faighinn làmh-an-uachdair.

Mu thoiseach 1941, thàinig cuid de chriutha a' bhàta *Vandyke* a chaidh a chur fodha faisg air Norway. Bha mu shia no seachd dhiubh ann.

Bha aon seann duine às a' Chuimrigh ann. 'S e Seonaidh a b' ainm dha. Chan eil cuimhn' agam dè an dàrna ainm a bh' air, ach bha e seachad air trì fichead bliadhna. 'S e a' Chuimris bu chànan nàdarra do Sheonaidh agus cha robh a' Bheurla aige ach caran carraigeach agus mar seo bhiodh feadhainn a' tarraing às.

was such as our country has never known. There is no doubt that the effects of the cold were aggravated through lack of proper food and decent clothing, but that did not make it any easier to bear.

We were turned out of our beds at five o'clock in the morning. It took three-quarters of an hour to march to the top of the hill where the quarry was. We worked from seven in the morning till six at night. Whether the day was good or bad we had to turn out, though if their own workers had to give up, we could return to the camp also. But the site had to be completely snowbound for them to admit defeat.

Red Cross parcels had yet to arrive that winter, and so we had only the unsatisfactory rations which they allocated to us. That was not much in relation to the work, but it kept body and soul together. To make matters worse, we were without cigarettes. Some of the Germans were very kind about smoking. I was working with a man called Otto Billing, and when his cigarette was half-finished he would leave it on a rock. I would finish the rest of it. These workers were much like ourselves. They were prisoners in a different sense to us, but prisoners nevertheless.

There was plenty of Gaelic in this camp. There were about seventeen of us from North and South Uist, with a few mainlanders amongst us. But more and more were arriving and, as happened in Scotland itself, English soon gained the upper hand.

About the beginning of 1941, some of the crew of the ship *Vandyke* arrived. She had been sunk near Norway and there were six or seven of them.

There was one old fellow from Wales by the name of Johnny. I cannot remember his surname, but he was over sixty years old. Welsh was Johnny's native tongue and his English was a bit rocky, so that some made fun of him.

Bha aon ghille Gearmailteach, aois chòig bliadhn' deug - 's e Heinz a b' ainm dha - na ghille-frithealaidh anns a' chuaraidh, agus bhiodh e daonnan a' cur cath air Seonaidh. Cha bhiodh a' phìob a' falbh à beul Sheonaidh ged nach robh srad thombac' aige innte. Bhiodh e ga deothal falamh mar a bha i.

Bha Heinz aon latha 's pacaid tombac' aige, agus e ceòthadh sìos is suas air beulaibh Sheonaidh. Cha b' urrainn an seann fhear cur suas leis na b' fhaide agus a' phìob aige fhèin falamh, agus mu dheireadh gheàrr e cruinn-leum gu Heinz agus rug e air sgòrnan air. "You bugger," ars esan, "give us a fill of tobacco!" Leis an eagal a ghabh Heinz shìn e leth na pacaid dhan bhodach. Seonaidh bochd! Cha robh an dòigh-beatha bha siud a' freagairt idir air. Tha mi 'n dòchas gun d' fhuair e nall a Shasainn am measg an fheadhainn thinn agus aosta mun bhliadhna 1942.

Bha prìosanaich Fhrangach ag obair anns na seilearan fiona agus bha iad a' fuireach anns an aon bhloc-taighe san robh sinne - ach dealaichte bhuainne. Bhiodh na Frangaich a' bruich 's ag ithe sheilcheagan - 's e biadh air leth taitneach leis na Frangaich a tha seo. Ach ged a bhithinn-sa a' dol bàs leis an acras, cha b' urrainn mi blasad orra. Thairg na Frangaich dhuinn iad tric agus iad bruich. Dh'fheuch aon ghille iad agus mhol e gu mòr iad, gu robh iad blasta, sùghmhor agus coltach ri faochagan a' chladaich.

Bha a' chuaraidh chlach, mar a thuirt mi roimhe, air mullach cnap de bheinn. Gu h-ìseal aig a bonn bha rathad-iarrainn a' ruith, le stèisean beag ri thaobh. Bha carbadan fosgailte a' tighinn a-staigh dhan stèisean gus an lìonadh le cloich. Bha a' chlach ga h-aiseag sìos ann am baraichean beaga a bha ruith air uèirichean crochte os cionn a' chnuic. Bha cudrom nan baraichean làn a' tarraing suas an fheadhainn fhalamh agus mar seo bha 'n t-aiseag a' dol gun stad fad an latha. Bha chlach ri cladhach 's ri bristeadh le ùird 's a lìonadh dha na baraichean, 's dh'fheumadh na carbadan a bhith luchdaichte mun teirigeadh obair an latha. Bha 'n obair cruaidh air bheagan bìdh, ach thachair gu math na bu chruaidhe riumsa na dhèidh seo anns an Straflager - cuaraidh chlach eile ann am Masbach - far an deach mo

A fifteen year-old German boy called Heinz, an attendant in the quarry, was always annoying Johnny. His pipe never left Johnny's mouth, even though there was not a shred of tobacco in it. He would just suck at it as it was.

One day Heinz had a packet of tobacco and he would puff away, walking up and down in front of Johnny. Eventually the old man could stand it no longer, with his own pipe empty. He leapt at Heinz and grabbed him by the throat.

"You bugger," he cried, "give us a fill of tobacco!"

Heinz got such a fright that he gave the old man half his packet. Poor Johnny - that way of life did not suit him at all. I hope he got back to England among the old and sick in 1942.

There were French prisoners working in the wine cellars who lived in the same block as we did, though separated from us. The French would cook and eat snails, which they find especially tasty as food. But even if I was dying with hunger, I could not bear to sample them. Often the French would offer them to us cooked. One lad did try them and recommended them strongly, saying they were tasty, juicy - just like winkles of the seashore.

As I mentioned before, the stone quarry was on top of a lump of a hill. Down at the foot of the hill there ran a railway with a little station alongside. Open trucks came into the station to be filled with rock. The stone was carried down in little barrows suspended from overhead cables. The weight of the full barrows pulled the empty ones up and so the transfer went on all day without stopping. The rock had to be extracted and broken with hammers and loaded into the barrows, and the trucks had to be filled before the day's work was done. The work was hard on so little food, but much worse was to befall me later in the Straflager (Punishment Camp) - another rock quarry in Masbach - where I was

dhìteadh gu trì mìosan cruaidh-shaothair mar dhìoghaltas arson
teicheadh à cuaraidh Freyburg. Ach tuilleadh mu dheidhinn sin
fhathast.

Dh'fhàs na stocainnean agam cho beag, le bhith gan nighe tric,
gus mu dheireadh nach dìreadh beul na stocainn os cionn sàil mo
choiseadh. Bha iad gun mhòran feum mar seo ach thug na
Gearmailtich dhuinn brèidean de dh'aodach tana gus a shuainteadh
mar casan am broinn nam bròg. Bha seo a' seasamh an àite
stocainnean agus bha iad fhèin gan cleachdadh a cheart cho math.
'S e *Fuss-lappen* a chanadh iad riutha.

'S ann mu dheireadh an earraich 1941 a thòisich parsailean na
Crois Dheirg air tighinn. Fhuair sinn cuideachd aodach eile, ach
leis an èideadh ùr seo bha gu leòr dhuinn na bu choltaiche ri
bodaich-ròcais a chìtheadh tu ann am meadhan achadh mòr coirce
na bha sinn ri saighdearan Breatannach. 'S e aodach a bh' ann a
chreach na Gearmailtich às na dùthchannan a ruith iad fairis orra,
's bha sinne mar sin le seacaidean Frangach is briogaisean-glùine
Belgian. Co-dhiù, cha robh a bhith san fhasan a' cunntais dhuinn
- bha sinn riaraichte gu leòr còmhdaichte le stiallan sam bith
fhad 's a chumadh iad a-muigh am fuachd.

Cha robh an t-acras cho fìor dhona nis. Gheibheamaid parsail
an urra san t-seachdain agus beagan de shiogaraits Bhreatannach.

Tha cuimhn' agam air oidhche Challaig 1940 nas fheàrr na
Callaig sam bith eile bhon uair sin. 'S e triùir no ceathrar de Ghoill
a bha nar measg fhathast anns a' champa - 's e gillean Uibhist a Deas
's a Tuath bu mhotha a bh' ann. Fhuair cuideigin botal lionn bho
gheàrd laghach agus chan eil fios 'am cò às a thàinig an siogarait.
Shuidh a h-uile duine timcheall sa rum-chadail aig meadhan-
oidhche. Dh'òl gach fear balgam às a' bhotal, chaidh an siogarait a
lasadh 's thug gach fear aon cheò às. Mun do ràinig e am fear mu
dheireadh bha e a' losgadh a chorragan, ach fhuair e aon cheò às
mun deach an luath tron phàipear a-staigh na bheul. Faodar a bhith
cinnteach gun deach slàinte Bhreatainn agus eas-shlaint' na
Gearmailt òl an oidhch' ud.

sentenced to three months' hard labour as punishment for escaping from the Freyburg quarry. But more of that later. My socks shrank so much from washing that eventually the mouth of the sock would not cover my heel. They were not much use like that, and so the Germans gave us strips of thin cloth to wind about our feet inside the boots. This was a substitute for stockings which they themselves had to employ as well. They called them *Fuss-lappen*.

It was towards the end of spring 1941 that parcels from the Red Cross started to arrive. We also got a change of clothing, but with this new apparel many of us looked more like the scarecrows you might see in the middle of a field of oats than British soldiers. It was clothing the Germans had looted from the countries they had overrun, and so we had French jackets and Belgian knee-breeches. In any case, fashion counted for nothing with us; we were happy enough covered in any kind of rags that would keep out the cold.

The hunger was not quite so bad now. We would get a parcel a week each and a few British cigarettes.

I remember New Year's Eve 1940 better than any other Hogmanay since. There were still only three or four Lowlanders amongst us in the camp, the majority being boys from North and South Uist. Someone got a bottle of beer from a friendly guard and I do not know where the cigarette came from. We all sat around in the dormitory at midnight. Each one had a mouthful from the bottle; the cigarette was lit and each man had one puff of it. By the time it reached the last man it was burning his fingers, but he managed one draw before the ash burned through the paper into his mouth. That night, you can be sure that we drank to the health of Britain and bad luck to Germany.

Mu mheadhan an t-samhraidh, 1942, bha mi fhìn a' fulang gu h-uabhasach le droch stamaig. Dh'fheumainn obrachadh gach latha, ach nuair a ghabhainn biadh, bha an cràdh cho dona agus gum bithinn a' call mo fhradhairc aig uairean. Nuair a chuirinn a-mach na dh'ith mi, bhithinn gu math na b' fheàrr agus dh'obraichinn gu feasgar. Ach bha mi a' sìor fhàs lag, 's cha robh an dotair Gearmailteach a' gabhail diù sam bith dhiom. Aon latha agus e gam fheuchainn, leig mi orm gur ann air an taobh dheas an ìochdar na broinne a bha 'n goirteas, agus nuair a phutadh e seo le mheur, leiginn-sa eubh asam. Chaidh m' òrdachadh gun dàil dhan ospadal ann am baile Stadtroda le appendicitis.

Bha deagh amharas agam fhìn nach e seo a bh' ann idir, agus nuair a ràinig mi agus a mhothaich mi dha na stretchers taobh a-staigh an dorais, bhuail an t-eagal mi.

Dh'inns mi dhan dotair - 's e fear Breatannach a bh' ann - an dòigh a ghabh mi gus faighinn a-staigh, agus chòrd an gnothach glè mhath ris.

"Rinn thu ceart gu leòr faighinn a-staigh leis na breugan," ars esan, "ach cuiridh sinn ceart thu." 'S e Màidsear Lauste a b' ainm dha, Sasannach, agus duin'-uasal dha-rìribh. Chùm iad mise naoi seachdainean a-staigh, agus bha mi glè mhath a' falbh às.

Bha aon ghille san ospadal seo a chaill na casan. Cha robh air ach mu leth-troigh de bhàrr nan sliasaidean, ach dh'obraicheadh e e fhèin air an leabaidh cho luath ri brìdean air tràigh agus cha robh fear eile anns an ospadal cho toilichte ris.

Chaidh geamhradh 1942 seachad leis an aon dol-air-adhart, bristeadh chlachan fad an latha, tilleadh feasgar dhan champa, greisean a' leughadh leabhraichean - bha sin againn a-nis cuideachd mar aon de thiodhlaicean na Crois Dheirg.

Bha cuirmean-ciùil gan cur air bonn. Fear sam bith a dhèanadh seinn no dannsa no a ghabhadh duan, chuirt' air leth e agus dhearbhadh e a thàlantan oidhche na cuirm.

Bha Gabhan MacLeòid à Dùn Eideann na dhannsair barraichte; bha gach duais a b' àird' aige ann an Ciad Rèiseamaid nan Camshronach.

About the middle of summer 1942, I was suffering badly from stomach trouble. I was forced to work every day, but when I took food, the pain was so bad that I could hardly see at times. Once I had vomited what I had eaten I would feel much better and could work till evening. But I was growing steadily weaker and the German doctor did not pay me much attention. One day when he was testing me, I pretended that the pain was in my lower right abdomen, and when he prodded me there I would let out a cry. I was ordered immediately to hospital in the town of Stadtroda with appendicitis.[14]

I was pretty sure that was not the problem, and so when I reached the hospital and saw the stretchers inside the door, I took fright. I told the doctor, who was British, the method by which I had been admitted and he was greatly amused.

"You did quite right to get yourself admitted through lies," he said, "but we will put you right." Major Lauste was the Englishman's name and he was a real gentleman. They kept me in nine weeks and I was in good shape when I left.

There was one lad in the hospital who had lost his legs. He had only about six inches of stumps left of his thighs but he could move about on his bed as briskly as an oyster-catcher on the shore and there was no one there as happy as he.

The winter of 1942 passed in the same routine: breaking rocks all day, returning in the evening to the camp, with periods reading the books which we now had thanks to gifts from the Red Cross.

Concerts were put on. Any man who could sing, dance or recite would be picked out and he could demonstrate his talent on the night of the concert.

Gavin Macleod from Edinburgh was an accomplished dancer; he had won all the highest awards in the 1st Camerons.

Dh'ionnsaich e ceathrar againne gu dannsa agus bhitheamaid tric air an àrd-ùrlar. Bha Dòmhnall Choinnich Chaluim à Baghasdal a Tuath, Fionnlagh Dhòmhnaill Fhionnlaigh à Baghasdal a Tuath, Uilleam Duffy à Sruighlea agus mi fhìn nar làn-dhannsairean mun robh Gabhan deiseil dhinn. Dhèanamaid Danns a' Chlaidheamh, na Flings, Lochaber Broadswords agus an Ruighleadh Albannach fhèin. Ach bha casan creubhaidh goirt againn mar thoradh air leasain Ghabhain!

He taught four of us to dance and we often appeared on stage.
Donald Macintyre *Dòmhnall Choinnich Chaluim*, and Finlay
MacDonald, *Fionnlagh Dhòmhnaill Fhionnlaigh*, from
North Boisdale, William Duffy from Stirling and myself were
accomplished dancers by the time Gavin had finished with
us. We could do the Sword Dance, the Flings, Lochaber
Broadswords and the Scotch Reel itself. But we had tired
aching feet as a result of Gavin's lessons! ‡

‡ See *Oran Danns' a' Chlaidheimh*, page 174.

5. Teicheadh

Bha aon rud an còmhnaidh nam inntinn fhìn agus mar a bha 'n ùine ruith 's ann a' sìor neartachadh nam inntinn a bha e. Agus b' e seo teicheadh. Bha fios agam glè mhath nach robh teansa chòir sam bith agam air faighinn a-mach far crìochan na Gearmailt. Bha sinn trì cheud mìle co-dhiù bho chrìoch Switzerland, agus sin an dùthaich shaor bu ghiorra dhuinn. Ach bhristeadh e an aon-seòrsachd a bh' air grèim fhaighinn air ar beatha, agus mura faighinn dhachaigh gheibhinn a dh'àiteigin às ùr anns a' Ghearmailt fhèin. 'S e Tormod MacIlleathain agus Eàirdsidh Mòr Mac-a-Phì à Uibhist a Deas le chèile a' chiad dithis a theich às a' champa seo. Chuala sinn gun do ghlacadh iad, ach cha chuala sinn an còrr mun deidhinn tuilleadh.

Rinn mi fhìn is Dòmhnall Iain Moireasdan suas gun teicheamaid às a dhèidh seo agus, bho nach robh e soirbh faighinn a-mach às a' champa, theicheamaid às a' chuaraidh. 'S ann à Uibhist a bha Dòmhnall Iain cuideachd, nàbaidh dhomh fhìn aig an taigh. Chaidh a mharbhadh, gu mì-fhortanach, le sgiorraig an Uibhist anns a' bhliadhna 1956.

Cha do leig sinn dad òirnn ri duin' eile. Chuir sinn beagan bìdh is teòclaid mu seach agus latha an teichidh thug sinn leinn seo anns na bagaichean còmhla ris na pìosan arain àbhaisteach. Cha bhiodh geàird leinn aig an obair idir, bha sinn fo chùram a' ghafair agus bha seo nar fàbhar.

Nuair a ghabh sinn ar biadh aig stad a' mheadhan-latha, dh'èalaidh sinn gu seada beag aig iomall na cuaradh. Bha coille dhùmhail mur coinneamh, ach bha mu chairteal a' mhìle de thalamh rèidh eadar sinn 's i far am biodh e furasta ar faicinn. Ach mura dèan oidhirp, cha bhuannaich. Bha na Gearmailtich aig am biadh anns an taigh bheag agus b' e seo an t-àm. Bhiodh uair a thìde ann mun ionndrainneadh iad sinn nuair a thòisicheadh an obair an dèidh na dinnearach. Rinn sinn air a' choillidh. Ruith is ruith sinn gus an d' fhuair sinn a' choille timcheall òirnn agus cha do stad sinn aig a sin. Chùm sinn troimhpe chun an taobh eile. Bha dùthaich

5. Escape

There was one recurring matter in my own mind and as time passed it was ever strengthening in my thoughts. This was the idea of escape. I knew there was not much chance of getting across the boundaries of Germany, for we were at least 300 miles from the border with Switzerland, which was the nearest free country. But it would break the monotony which ruled our lives, and even if I did not make it home, I would at least get to a different part of Germany itself. Norman Maclean and Big Archie Macphee from South Uist were the first two to escape from this camp. We heard they had been caught but then heard no more about them.[15]

After that Donald John Morrison and I decided to escape and, as it would not be easy from the camp, we would make a run from the quarry. Donald John was also from South Uist, a neighbour of my own at home. Unfortunately he was killed in an accident in Uist in 1956.[16]

We did not let anything on to anyone else. We put a little food and chocolate aside and on the day of the escape we took this with us in our bags along with the usual bits of bread. There were no guards with us at work; we were supervised by the gaffer, and this was in our favour.

When we took our food at the midday break, we sidled across to a little shed at the edge of the quarry. There was a thick forest in front of us but there was about a quarter of a mile of open ground between us and it where we would be easily spotted. But nothing ventured, nothing gained. The Germans were eating in the shed and this was the moment. We had an hour before we would be missed when work resumed after dinner. We made for the wood. We ran and ran till there were trees around us and we did not stop there. On we went through them to the other side. Now there was

rèidh romhainn a-nis, gun taigh, gun baile ri fhaicinn, agus 's e seo a b' fheàrr. Cha robh sinn fhathast ag iarraidh còmhdhalaiche gus am biodh co-dhiù astar math eadar sinn agus a' chuaraidh. Ràinig sinn coille eile; chaidh sinn gu math domhainn innte agus an sin stad sinn. Cha bhiodh e sàbhailte leantainn òirnn ri soills' an latha agus dh'fheitheamaid gu oidhche. Ghabh sinn grèim bìdh agus las sinn siogarait. Bha sinn saor.

Nuair a thàinig an oidhche, dh'fhalbh sinn. Thàinig sinn air rathad mòr ach cha do choisich sinn idir e. Ràinig sinn an sin abhainn. Bha 'n t-uisge socair 's a' ruith domhainn gun drochaid san t-sealladh, ach dh'fheumamaid faighinn seachad oirre. Lean sinn pìos suas ri taobh agus thàinig sinn air càblaichean crochte mu dheich troighean os cionn na h-aibhne ceangailte ri dà phòla iarrainn, fear air gach taobh. Bha bàta beag air an taobh thall is bheireadh tu a-nall am bàta leis na càblaichean. Bha crann àrd sa bhàta agus an ceann shuas aige a' ruith air roilear air fear dhe na càblaichean, ach bho nach robh fios againne gu dè mar a ghabhadh a' bheart obrachadh, cha robh ach aon dòigh fosgailte dhuinn.

Rachamaid tarsainn làmh às dèidh làimhe crochte ris a' chàbla deich troighean os cionn na h-aibhne. Seo mar a rinn sinn. Ach bha mionaidean gu math an-fhoiseil againn os cionn an uisge dhuibh dhomhainn ud le eagal gun trèigeadh neart nan dòrn, agus ar beatha an crochadh riutha. Fhuair sinn tarsainn sàbhailte gu leòr ach bha ar làmhan air chrith leis an spàirn a' cumail suas na colainn.

Chùm sinn oirnn. Bha 'n t-uisg' a-nis ann, uisge mìn drùidhteach gun deò gaoithe. An ùine ghoirid bha sinn drùidhte chun a' chraicinn agus fuar air a rèir. Bha sinn a' teannadh air baile. Nam faigheamaid gu stèisean na trèan, dh'fhaodamaid falach ann an carbad bathair agus bheireadh e leis taobh air choreigin sinn. Bha 'm baile gun dùsgadh - cha robh e ach mu cheithir uairean sa mhadainn - agus bha fuaim gleadhraich ar brògan air sràid-chlachan cruaidh a' bhaile. 'S e seo an rud a bhrath sinn. Nochd poileasman a-mach à doras agus ghabh e nall nar coinneimh, agus shìn e mach a làmh. "Pàipearan aithnichidh," ars esan. Cha tuirt sinne diog.

open country before us with not a house or village in sight. This was best. We had no wish to meet anyone till we had put a goodly distance between us and the quarry. We reached another wood, which we penetrated deeply, and then stopped. It would not be safe to carry on in daylight, and so we would wait for night. We had a bite to eat and lit a cigarette. We were free.

When night fell, we set off. We came upon a major road but did not walk on it. Then we reached a river. The water flowed quiet but deep without a bridge in sight, but we had to find a way across. We followed its course for a little way until we came upon cables strung about ten feet above the river suspended from two iron poles, one on each bank. There was a little boat on the other side which could be brought across by the cables. The boat had a high mast, the tip of which engaged a roller on one of the cables, but, as we did not know how to work the mechanism, there was only one course open to us.

We would cross hand over hand on the cable suspended ten feet above the river.[17]

That was what we did. But we had a few anxious moments above that dark, deep water, fearful that the strength of our hands would fail with our lives depending on them. We got across safely but our hands were shaking from the effort of supporting the body.

On we went. It was now raining, a soft penetrating drizzle without a breath of wind. Very soon we were soaked to the skin and consequently cold. We were now nearing a town. If we could find the train station, we might be able to hide in a truck which would take us somewhere. The town was still sleeping - it was about four o'clock in the morning, and our boots clattered on the hard cobbles of the street. That is what betrayed us. A policeman appeared from a doorway and came to meet us. He stretched out his hand: "Identification papers." We said nothing.

"*Kommen Sie mit!*" ars esan agus e gar greasad a-staigh roimhe air an doras.

Bha fear eile na shuidhe aig deasg. Stiùir e a chorrag ris an aodach a bh' oirnn.

"*Engländer?*" Dh'aithnich e èideadh an airm.

Cha robh reusan dhuinn a cheiltinn agus dh'innis sinn an campa às na theich sinn. Bhruidhinn e air a' fòn: thuirt e rinne gum biodh geàrd a' tighinn air ar tòir mu mheadhan-latha ach gu faodamaid an-dràsta cadal. Fhuair sinn plaid' an urra 's chuireadh ann an seòmar beag a' phrìosain sinn, agus suaint' anns a' phlaididh, le ar n-aodach bog fliuch, chaidil sinn gu deich uairean sa mhadainn. Nuair a dhùisg sinn bha 'n t-aodach air tiormachadh òirnn.

'S e baile Wiessenfels a bha seo agus agus 's e fìor dhaoine gasta bh' anns na poileasmain. Bha sinn air culaidh-oillt gach fear-teichidh a sheachnadh fhathast - an Gestapo.

Thàinig an geàrd agus thugadh gu Mühlhausen sinn, an campa-gleidhidh a bha cumail prìosanaich ris na h-*Arbeitskommando* (campaichean obrach). Fhuair sinn ar binn a thoirt a-mach ann an sin - trì mìosan cruaidh-shaothair ann an Straflager Masbach, cuaraidh chlach eile ach fichead uair na bu mhiosa na an tè a theich sinn aiste.

Bha cuaraidh Masbach i fhèin air mullach beinne. Bha a' chlach na bu chruaidhe agus na baraichean na bu mhotha. Bha ceithir baraichean deug chlach againn ri thionndadh a-mach gach latha. Bha pleitichean beaga le figear àraid sgrìobht' orra gan toirt dhuinn sa mhadainn. 'S e am figear ochd a bh' agamsa, agus gheibhinn ceithir deug pleit agus figear ochd air gach fear. Bha pleit ri chrochadh air gach bara a rachadh a-mach, agus gus an ruigeadh na ceithir pleitichean deug agamsa air ceithir baraichean deug, chan fhaighinn dheth ged a bhiodh an oidhche dhubh ann.

Bha h-uile cleas ga dhèanamh gus faighinn dhan ospadal. Bha 'n obair cho cruaidh 's na làmhan againn nan gàgan cruaidhe fosgailte le casan nan òrd. Nuair a ghearaineamaid, chanadh an gafair, "Mùin orra!" Dh'fheuch sinn seo agus bha e na b' fheàrr na leigheas eile a fhuair mi riamh airson ghàgan.

"*Kommen Sie mit!*" (Come with me!) he said, urging us before him through the door. There was another man sitting at the desk. He pointed to the clothes we wore.

"*Engländer?*"

He had recognised the army uniform.

There was no point in denying it and we gave the name of the camp we had escaped from. He spoke into the phone: he said that guards would come for us about midday but that meantime we could sleep. We were given a blanket each and put in a small cell in the prison. Wrapped in the blanket with soaking wet clothes, we slept till ten in the morning. When we woke our clothes had dried on us.

This was the town of Weissenfels[18] and the policemen were fine fellows. So far we had avoided the dread of every escapee - the Gestapo.

The guard arrived and we were taken to Mühlhausen,[19] the holding camp which supplied prisoners to the *Arbeitskommando* (work-camps). We were given our sentence there: three months' hard labour in Masbach[20] Straflager - another rock quarry, but twenty times worse than the one we had escaped from.

Masbach quarry was also on the top of a hill. The rock was harder and the barrows were bigger. We had to produce fourteen barrows each every day. We were given little plates with individual numbers each morning. My number was eight and I was given fourteen plates each with that number. A plate had to be hung on each barrow that went out, and until my fourteen plates went out on fourteen barrows, I would not be allowed off even if it was pitch dark.

Every trick was tried to get into hospital. The work was so hard and our hands had painful hacks open to the shafts of the hammers. When we complained, the gaffer said, "Piss on them." We tried that and it was better than any other treatment that I had ever found for hacks!

Bha aon ghille à Astrailia ann agus thàinig e far an robh mi fhìn aon latha sa chuaraidh. "An toir thu dhiom pìos dhen lùdaig leis an òrd?" ars esan.

"Glè mhath," arsa mise, "ma sheasas tu ris."

"Seasaidh," ars esan, "ma tha mhisneach agads' a nì e."

Bha oir gheur air dàrna ceann an ùird. Chuir esan a làmh air cloich mhòir. Thòg mise an t-òrd os cionn mo chinn 's an taobh gheur gu h-ìseal. Ach aig a' mhionaid mu dheireadh dh'fhàiling mo mhisneachd. Leig mi sìos an t-òrd gu socair air an làr.

"Chan urrainn mi dhèanamh," arsa mise.

Bha Joe Hay à Arasaig na sheasamh faisge.

"Cuiridh mise dhiot i," ars esan.

Thog e suas an t-òrd. Leig e sìos le neart e air lùdaig an Astrailianaich. Chuir am fear sin a dhà làimh eadar a dhà ghlùin 's dàrna leth na lùdaig aige fhathast air a' chreig. Thog e a cheann.

"Thanks a million, pal," ars esan.

Chaidh a thoirt dhan ospadal agus chan fhaca sinne tuilleadh e. Bha an lùdag ga dhìth, ach fhuair e cuidhteas ifrinn Mhasbach.

Fhuair Dòmhnall Iain Moireasdan e fhèin air falbh à Masbach. Chuir e stocainn mu chois, is dhòirt e coire de dh'uisge goilteach oirre. Mun tug e dhith an stocainn bha chas na h-eòlan dearg. An ceann dà latha bha an losgadh air cladhach is thugadh Dòmhnall Iain dhan ospadal. Chan fhaca mise tuilleadh e gus na thachair mi ris an Uibhist as dèidh a' chogaidh.

Bha a' chuaraidh air mullach na beinne agus bha a' bheinn mu chòig ceud troigh a dh'àirde. Chan fhaight' a-mach gun fhios agus cha robh a' tighinn aist' ach an aon rathad. Ach theich dithis aiste!

Cha do dh'fhan 'China' MacDonald riamh fada ann an campa sam bith. 'S e 'China' a theireadh gach duine ris a thaobh agus gur h-e 'China' a chanadh e fhèin ris a h-uile duine eile. Theich China agus gille Sasannach à cuaraidh Mhasbach, a' cromadh còrr is leth-cheud troigh le aodann creige air an gann a ghlacadh iad grèim-coise. Rugadh orra 's cha robh an luchd-ceasnaichidh a' creidsinn gur ann à Masbach a theich iad.

There was a lad from Australia who came to me one day in the quarry. "Will you take off a bit of my little finger with the hammer?" he asked.

"Very well," said I, "if you can stand it."

"I can," he replied, "if you have the courage to do it."

One end of the hammer had a sharp edge. He placed his hand on a rock. I raised the hammer above my head with the sharp end facing down. But at the last moment my courage failed. I lowered the hammer slowly to the ground.

"I can't do it," I said.

Joe Hay from Arisaig was standing nearby.

"I'll cut it off for you," said he.

He raised the hammer and brought it down with all his strength on the Australian's little finger. The man put his hands between his knees.

"Thanks a million, pal," he said.

He was taken to hospital and we saw him no more. He had lost his little finger but he was free from the hell of Masbach.

Donald John Morrison also got himself out of Masbach.

He put a sock on his foot and poured a kettle of boiling water over it. By the time he removed the sock, his foot was a red sore. In a day or two the scald had deepened and Donald John was taken to hospital. I did not see him again till I met him in Uist.

The quarry was on top of a hill and the hill was about 500 feet high. There was no way of getting out by stealth and there was only one road. But two men managed to escape!

'China' MacDonald never remained long in any camp. He used to call everyone 'China', and so that was the nickname given to himself. China and an English lad escaped from Masbach quarry by descending over fifty feet of cliff face where they could scarcely find a foothold. They were recaptured and their interrogators did not believe that it was from Masbach they had escaped.

Chaidh na trì mìosan seachad. Cha robh cluicheadair ball-coise no bocsair riamh cho smiorail rinne a' fàgail Mhasbach. Bha ar fèithean mar chnapan rubair 's ar com 's na làmhan againn cho dubh leis a' ghrèin agus gun iomrallaicheadh neach nar n-Innseanaich sinn. Tha mi smaointinn gum buinigeamaid an rèis a b' fhaid' aig na h-Olympics gun aon bhristeadh analach!

Dh'fhàg còig duine deug againn Masbach gu factaraidh-sìl ann am baile Erfurt, ach cha do lagaich seo neart an luchd-obrach. Bha luchd-teichidh gan dìteadh an còmhnaidh agus cha robh uair sam bith gainne fir-bristidh air clachan Mhasbach.

The three months passed. There was no footballer or boxer ever as fit as we were leaving Masbach. Our muscles were like rubber balls and our chests and arms so dark with the sun that one might mistake us for Indians. I think we would have won the longest race at the Olympics without breaking breath!

Fifteen of us left Masbach for a seed factory in Erfurt, but that did not weaken the workforce. Escapees were continually being sentenced and there was no shortage of stone-breakers for the rocks of Masbach.

6. Am Factaraidh Sìl

'S e mo bheachd gur e Erfurt baile cho brèagha 's a chunnaic mi. Sràidean leathainn, còmhnard le sreathan chraobhan a' fàs aig iomall cuid dhiubh. Bha na sràidean an còmhnaidh glan, gun smodal a' faighinn laighe fad' sam bith orra agus an dùthaich mun cuairt cho uaine 's cho torrach ri talamh air na laigh mo shùil. Le cearcall de thalamh beartach mar seo ga chuartachadh, gabhaidh e tuigsinn an dòigh anns an robh Erfurt na aon de phrìomh bhailtean na Gearmailt a thaobh gàirneilearachd-margaidh agus fàs sìl. Bha achaidhean còrr is mìle dh'fhad 's a leud a' sìneadh a-mach bho oir a-muigh a' bhaile, leis gach seòrsa curachd a' ruighinn ìre blàth ann.

'S ann le companaidh Zieglers a bha na gàrraidhean-margaidh agus factaraidh mhòr aca sa bhaile. 'S ann ag obair sa factaraidh a bha sinne. Bha an camp aig iomall a' bhaile leis an fheansa àbhaisteach de uèir-bhioraich mun cuairt air, dusan troigh a dh'àirde. 'S e atharrachadh mòr a bha seo an dèidh poll is clàbar Mhasbach.

Bha mise is ceathrar eile ag obair aig bùird a bha làn de phacaidean dhen h-uile gnè sìl. Bha mìltean de phàipearan-òrdain a-staigh às gach ceàrn dhen dùthaich. Chuireamaid cuairt air a' bhòrd le pàipear-òrdain am broinn bogsa beag is bha na pacaidean a bha òrdaichte air a' phàipear gan cur sa bhogsa agus am pàipear-òrdain leis. Aig ceann shìos a' bhùird bha an t-iomlan ga phacaigeadh 's am parsail a' ruith a-mach air crios-gluasadach tro bhalla na factaraidh agus ga luchdaigeadh ann an sin ann an carbad-aiseig. Bha na mìltean parsail a' dol a-mach gach latha gu gach ceàrn dhen dùthaich anns an dòigh seo, ach 's e parsailean gu math neònach a fhuair na ceannaichean a' bhliadhn' ud.

Am fear nach robh ag iarraidh ach pacaid no dhà de shìol tuineap no currain airson bìdeag bheag gàrraidh, gheibheadh e trì no ceithir de chileagramaichean pònair no peasair is naoi no deich de phacaidean seilearaidh no leigis. Am fear a bha òrdan mòr a-staigh aige, gheibheadh e pacaid de fhras churran agus tòrr de phàipear glas. Bu thoigh leam an aodainn fhaicinn nuair a ràinig na h-òrdain a' bhliadhn' ud!

6. The Seed Factory

In my opinion Erfurt[21] was as pretty a town as I ever saw. Its streets were broad and level with rows of trees lining some of them. The streets were always clean, with no rubbish allowed to lie for long, and the country round about was as green and fertile as any I have ever seen. With a belt of such rich soil surrounding it, it is easy to understand why Erfurt was one of the top towns in Germany for market gardening and seed production. Fields more than a mile long and broad stretched out from the outskirts of the town with every kind of planting coming into bloom there.

The market gardens belonged to the company Zeiglers, which had a large factory in the town. This was the factory in which we worked. The camp was on the outskirts of the town with the usual twelve foot-high fence of barbed wire surrounding it. This was a very pleasant change after the mud and mire of Masbach.

I worked with four others at tables laden with packets of every kind of seed. Thousands of orders came in from every corner of the country. We would make a circuit of the table with the order in a little box and the packets required would be placed in the box with the order. At the end of the table the whole thing would be packaged and the parcel would travel out on a conveyor belt through the wall of the factory to be loaded onto a delivery truck. Thousands of parcels went out in this way to every corner of the country - but that year the purchasers received some very strange parcels.

The person who wanted only a packet or two of turnip or carrot seed for a patch of garden would get three or four kilograms of peas or beans and nine or ten packets of celery or leeks. The person who had sent in a large order would get a packet of carrot seed and a lot of brown paper. I would have liked to have seen their faces when the orders arrived that year.

Bha na fir cho gann anns an dùthaich - bha iad san arm gu glè bheag - agus 's e boireannach a bh' ann an ùghdarras air an ùrlar againne. Te ruadh - 's e 'Ginger' a bh' againn oirre. Bha car de dh'eagal aice romhainn. Gu math tric, nuair a dh'fhàsamaid searbh ag obair, thòisicheadh blàr leis na pacaidean. Gun rabhadh sam bith gheibheadh tu cileagram pònair no peasair ann an taobh a' chinn. Bhiodh an t-ùrlar tiugh leis gach seòrsa sìl. Chuir Ginger a ceann a-staigh air an doras aon latha, agus bha cileagram peasair aice sa bhus. Thuit i ann am paiseanadh. Leum sinn thuice is dhòirt sinn uisge air a h-aodann. Nuair a thàinig i mun cuairt, thug sinn bàr am fear de theoclaid dhi, agus cheannaicheadh sin i ged a bhitheamaid air a leth-mharbhadh. Sguab i fhèin an t-ùrlar còmhla rinn agus cha deach a' chùis na b' fhaide.

Bha rannsachadh ga dhèanamh òirnn gach feasgar mu falbhadh dad. Bha a' phònair air leth math mar bhiadh agus bha iad ag aithneachadh gu robh i falbh, ach cha rannsaicheadh iad daonnan ach na bagaichean agus na pòcaidean. Bha sinn a' ceangal sreang mu osain nan drathaisean beag a bh' oirnn, agus thoilleadh ceithir no còig de phacaidean pònair eadar ar dà chois. Cha do rinneadh a-mach riamh sinn. 'S e feust mhòr a bh' anns a' phònair air a praoiligeadh còmhla ri bacon nam parsailean.

San earrach bha sinn a-muigh anns na h-achaidhean a' cur. Bha na currain - slàn mar a cheannaichear sa bhùthaidh iad - gan cur an tuill anns an talamh. Bha na sreathan tholl dèante romhainn agus na currain ri chur unnta, fear anns gach toll, le taobh a' bharra gu h-àrd dhiubh. Bha an toll ga dhùnadh le ùir agus bha seo a' fàs gu fras.

Dh'fhalbh sinne à factaraidh Zeiglers mu faca sinn toradh air saoithreach - curachd na bliadhn' ud - ach 's e mo mhòr-bheachd nach robh an toradh ach leibideach. Bha a' chuid bu mhotha dhe na currain cuirte 's an ceann ceàrr gu h-ìseal dhiubh! Saoil na dh'fhàs iad riamh?

Rinn mi fhìn 's 'Tich' Cowper à Sasainn suas gun teicheamaid. Bha sinn a' faicinn nach robh a' chunntais òirnn feasgar fìor choileanta an àm fàgail na factaraidh - cha robh an geàrd a bh' ann ro chruaidh - agus 's e am beachd a bh' againn fuireach am falach sa

Men were so scarce in the country - they were in the army but for a few - that it was a woman who was in charge on our floor. There was one redhead we called 'Ginger'. She was a bit scared of us. Quite often, when we grew bored with work, a battle would start with the packets. Without any warning you would get a kilogram of beans or peas in the side of the head. The floor would be thick with all kinds of seed.

Ginger stuck her head inside the door one day and got a kilogram of peas fair in the face. She fell unconscious. We ran to her aid and poured water on her face. When she came round, we each gave her a bar of chocolate, and that would have bought her even if we had half killed her. She swept the floor with us herself and the incident went no further.

We were searched every evening lest anything should be taken. Beans were a very good food and they knew they were disappearing, but they only ever searched our bags and pockets. We would tie string round the legs of our underpants and four or five packets of beans would fit in between our legs. We were never caught. The beans made a great feast cooked along with bacon from the parcels.

In the spring we were out in the fields planting. Whole carrots, just as they might be bought in a shop, were put in holes in the ground. Rows of holes had been drilled before-hand and carrots had to be placed, one in each hole with the upper end above. The hole would be closed with soil and the plant would run to seed.

We left the Zeiglers factory before we saw the fruits of our labour at that year's planting, but I strongly suspect that the harvest was but a poor one. Most of the carrots had been planted upside down! I wonder if they ever grew?

'Tich' Cowper from England and I decided to escape. We noticed that the check on our numbers leaving the factory in the evening was not very meticulous, as our guard was not too strict. Our intention was to stay in hiding in the

factaraidh nuair a dh'fhalbhadh càch feasgar. Gheibheamaid a-mach air uinneig no air dòigh air choreigin eile.

Dh'fhuirich sinn am feasgar seo air lobhta air an dàrna stòiridh am measg phocannan sìl agus leig sinn le càch falbh. Cha do chunntais iad idir càch an àm falbh agus bha a' chiad rubha seachad againn.

'S e nis faighinn a-mach nuair a thigeadh dubhar na h-oidhche. Cha bhiodh *Appel* sa champa gu àm cadail agus cha bhiodh an tòir nar dèidh gu sin.

Nuair a dhorchnaich i ghluais sinn a-nuas gu h-ìseal. Sheall sinn mun cuairt. Bha fear freiceadan-oidhche na shuidh' ann an oifis bhig is daga na laighe air a' bhòrd air a bheulaibh. Bha sinn cinnteach gu robh an daga làn 's nach caomhnadh e losgadh leis ach e sinne fhaicinn.

Cha robh seo cho math.

Ach dh'fhairich sinn straighlich a-muigh. Thàinig glag air na glasan 's an sin thàinig gnogadh cruaidh. Leum sinn fo thòrr de phocannan falamh a bha faisg. Dh'èirich am freiceadan chun an dorais is dh'èigh e cò bha siud.

"*Polizei.*"

Dh'fhosgail e an doras. Thàinig dithis a-staigh. Sheas iad taobh a-staigh an dorais a' coimhead air an fhreiceadan. Chunnaic sinn a-mach tro na pocannan nach e poileasmain chumanta bha seo idir - cha robh aodach poilis orra - agus thàinig crith òirnn le oillt. Cha robh ach a dhà no trì de phocannan falamh eadarainn agus an Gestapo.

Cha robh sinn riamh an teine teth gu seo. Nam faighte sinn agus iad seo a-staigh, 's ann aig Dia mòr a bha brath gu dè dh'èireadh dhuinn. Le ceartas, cha robh còir aca turas a ghabhail ri prìosanaich-cogaidh, ach cha robh lagh eadar-nàiseanta no eadhan lagh sam bith a' cunntais aig na brùidean seo. Ged a leth-mharbhadh iad sinne, cò am buidheann anns a' Ghearmailt aig an robh cumhachd dìoghaltas a dhèanamh air a' Ghestapo?

Bha dath bàn a' tighinn air aodann an fhreiceadain 's e sealltainn a-null 's a-nall.

factory when the rest left. We could then leave by the window or some other way.

So one evening we hid among sacks of seed in a loft on the second storey and let the rest leave. There was no count made as the others departed and thus we passed the first hurdle.

Now we had to get out under cover of the darkness of the night. There would be no *Appel* (roll-call) in the camp till bed-time and so we would be safe from pursuit till then.

When it grew dark we moved down below and looked around. There was a night-guard sitting in a little office with a pistol lying on the table in front of him. We were that sure the pistol was loaded and that he would not hesitate to fire if he saw us.

This was not so good.

We heard a commotion outside. There was a clank of the locks and then a loud knocking. We leapt underneath a pile of empty sacks that lay nearby. The guard went to the door and called out who was there.

"*Polizei.*"

He opened the door. Two men entered. They stood inside the door looking at the guard. We saw out through the sacks that these were no ordinary policemen - they did not wear police uniform - and we trembled with horror. There were only two or three empty sacks between us and the Gestapo.

We had never been in really hot water till now. If we were discovered while they were there, God knows what might happen to us. By rights, they had no authority to have anything to do with prisoners of war, but no law - international or any other kind - counted with these brutes. Even if they half-killed us, what body in Germany had the power to punish the Gestapo?

The guard's face was pale as he looked hither and thither.

Bhruidhinn fear dhiubh an sin. Dh'fhaighneachd e mu dheidhinn fear Heinrich Müller. Am b' aithne dha e? Dè 'n seòrsa duine bh' ann? 'S mar sin air adhart. Dh'inns am freiceadan gum b' aithne ach cha robh sinne a' dèanamh mòran èisteachd, a chionn, bha sinn ann am fìor chùil-chumhaing.

Choisich am fear nach robh a' bruidhinn mun cuairt agus sheas e aig taobh nam pocannan.

Bha 'n t-eagal orm anail a tharraing.

Chitheamaid na brògan agus pìos dhen bhriogais aige dà shlait bhuainn. Leis an turtar a bh' aig mo chridhe a' bualadh bha eagal orm gun cluinneadh e e.

Chaidh mu leth-uair seachad - leth-uair cho fad' 's a dh'fhairich mi riamh. Dh'fhalbh iad an sin agus dhùin am freiceadan an doras. Sheas e greis agus a làmh fo smiogaid. Chaidh e sin a-staigh dhan oifis.

Ghluais sinne mach à measg nam pocannan agus, mar gun cluinneadh esan am fuaim, thàinig e mach agus chunnaic e sinn. Tha mi smaointinn gu robh an ceann aige fhathast troimh-chèile, agus 's ann a thàinig giorag na shùilean. An Gestapo an toiseach agus a-nis dà phrìosanach Breatannach.

Ach chruinnich e e fhèin còmhla agus dh'fhaighneachd e dè chuir an seo sinn.

"Bha sinn deiseil aig a' bhòrd," arsa mise, "agus chaidh sinn suas gu h-àrd agus chaidil sinn. Cha do dh'fhairich sinn càch a' falbh idir agus 's ann o chionn deich mionaidean a dhùisg sinn. Agus feumaidh sinn faighinn air n-ais chun a' champa."

Chreid e na breugan a bha seo agus thug e fhèin dhan champa sinn. Cha deach dad a dhèanamh òirnn ach bha 'n oidhirp-teichidh air a bacadh mun gann a thòisich i.

Goirid na dhèidh seo chaidh sinn gu camp eile - factaraidh bhròg, fhathast ann am baile Erfurt ach air taobh eile a' bhaile. 'S e ceathrar againn a chaidh dhan champa seo. Cha robh ann ach àite beag: sia duine deug a bh' ann romhainn, ach bha iad sin air a bhith gu math trang mun deach sinn ann. Bha tunail an ìre mhath deiseil aca mach às a' champa.

One of them spoke. He asked about one Heinrich Müller. Did the guard know him? What kind of man was he? And so on. The guard replied that he knew him but we did not pay too much attention. We were in a really tight spot.

The one who had not spoken walked about and stood beside the sacks.

I was afraid to draw breath.

We could see his boots and part of his trousers two yards away. The thumping of my heart was so loud that I feared he must hear it.

About half an hour passed: the longest half-hour I had ever known. Then they went and the guard closed the door. He stood for a while, hand on chin. Then he went into the office.

We moved out from among the sacks and, as if he had heard the sound, he came out and saw us.

I think his head was still in a muddle and panic showed in his eyes. First the Gestapo and now two British prisoners.

But he pulled himself together and asked what we were doing there.

"We had finished at the table," said I, "and we went upstairs and slept. We did not hear the others leaving and we woke only ten minutes ago. We have to get back to the camp."

He swallowed these lies and took us back to the camp himself. Nothing happened to us, but the escape attempt was frustrated before it had barely begun.

Shortly after that we went to another camp - a shoe factory, still in Erfurt but on the other side of town. Four of us were sent to this camp. It was just a small place, with only sixteen men there before us, but they had been very busy before we arrived. They had nearly completed a tunnel out of the camp.

Agus bhon as e luchd-teichidh a bh' unnainne, thugadh a-staigh dhan dìomhaireachd seo sinn 's gu robh sianar dhiubh a' dol a theicheadh an ceann seachdain. Glè cheart! Nam faigheadh iadsan air falbh sàbhailte, bhiodh sinne nan dèidh mun lorgadh na geàird an tunail. Ach gu tubaisteach, latha mun robh an t-sianar gu falbh, fhuair na geàird an tunail. Cha robh cothrom air. Dà latha na dhèidh seo chaidh a' cheathrar againne is còignear de chàch a chur gu Mühlhausen, an campa gleidhidh. Cha robh fios carson, ach bha deagh amharas againn. Bha 'n obair seo ro shocair do luchd-teichidh mar a bha sinne is bha sinn cinnteach nach bitheamaid fad' ann am Mühlhausen. Thionndaidh seo a-mach fìor gu leòr. Cha b' e cuaraidh-chlach a bha romhamsa an turas seo idir, ach àiteachan gu math na bu duilghe teicheadh asta.

As we were escapers, we were let into this secret - and told that six of them were going to make a break for it at the end of the week.

Very good! If they could get safely away, then we would follow them before the guards found the tunnel.

But, unfortunately, the day before the six were due to escape, the guards discovered the tunnel. It could not be helped. Two days after that the four of us and five of the others were sent to Mühlhausen, the holding camp. We did not know why but we had a pretty shrewd suspicion. The work was too easy for escapers like us and we were certain we would not stay very long in Mühlhausen. This surmise turned out to be quite correct. This time it was not a rock quarry we could look forward to but sites more difficult to escape from.

7. 'Alabama'

Duine sam bith a chunnaic Barags nan Camshronach ann am baile Inbhir Nis mar a bha iad, tuigidh e nas fheàrr an dealbhachadh a nì mise air an àite-fuirich againn ann am Mühlhausen. Bha na togalaichean na b' àirde - còig neo sia de stòiridhean - agus iad ceithir-thimcheall na sgueadhair, anns an robh bonn de chlachan càsaichte. Tha mi dhen bheachd gur e barags shaighdearan a bh' annta, ged a bha iad a-nis nan cairtealan do phrìosanaich-cogaidh. 'S ann tro aon gheata mòr iarainn a gheibheadh neach a-mach no staigh ann agus, mar a bhiodh nàdarra, bha dà shaighdear Ghearmailteach air geàrd a dh'oidhche 's a latha taobh a-muigh a' gheata. Bha tomhas math de chofhurtachd againn an seo le deagh leapannan - trì os cionn a chèile. Cha robh am biadh cho pailt, ach bha parsailean na Crois Dheirg againn, 's mar sin, gu ìre mhath, cha robh sinn an taing.

Mar a thachras an còmhnaidh far am bi grunn dhaoine cruinnichte, bidh cuideigin am measg nan daoine sin a bhios a' seasamh a-mach eadar-dhealaichte bho chàch ann an seòl sònraichte air choreigin. Bha am fear ris an abramaid-ne 'Alabama' air fear dhiubh seo, agus bu mhath leam iomradh a thoirt airsan gu h-àraid anns a' chunntas seo.

'S ann à Ameireagaidh a bha Alabama, agus tuigidh sibh gur ann às an stàit a tha fon ainm sin anns na Stàitean Aonaichte a chaidh a bhreith is àrach.

'S e Tom Jones a b' ainm nàdarra dha ach, ged a dh'ainmicheadh neach anns an dòigh sin e, cha tuigeadh duine cò bh' air a chiallachadh mura canadh tu 'Alabama'. Ma bha duine no creutair de sheòrsa sam bith a' toirt cinn ghoirte agus trioblaid-inntinn dha na Gearmailtich, b' e sin Alabama. Ged a bhiodh e a' dèanamh glaoic agus dearg-amadan dheth fhèin mar bu trice, 's e duine air leth eòlach agus fiosrachail a bh' ann agus chan fhaca mi fear eile a bheireadh a char às.

'S ann anns na USA Marines a bha Alabama an toiseach. Theich e às a' bhuidheann ainmeil sin bliadhna no dhà ron chogadh agus chaidh e tarsainn na crìche do Chanada. Ghabh e an uair sin anns an

7. 'Alabama'

Anyone who saw the Cameron Barracks in Inverness as they used to be will understand better my description of our living quarters in Mühlhausen. The buildings were taller - five or six storeys - and they formed four sides of a square paved with cobblestones. I think they must have been military barracks, though they were now quarters for prisoners of war. There was one great iron gate for entry and exit, and, as was to be expected, there were two German soldiers on guard day and night outside the gate. We had a reasonable degree of comfort there with good beds - triple bunks. The food was not so plentiful, but we had the Red Cross parcels and, to some extent, we were less dependent on it.

As always happens when a lot of men are gathered together, there will be one amongst them who stands out as different from the rest in some special way. The man we called 'Alabama' was one of those, and I would like to say something about him especially in this account.

Alabama was from America and, as you might expect, he had been born in the state of that name in the US.

His real name was Tom Jones, but even if you called him by that name no-one would know who was referred to unless you said 'Alabama'. If any man or creature of any kind gave the Germans headaches and problems, then that was Alabama. Although he would often make a fool and idiot of himself, he was highly knowledgeable and street-wise and I never saw another who could get the better of him.

Alabama had been in the US Marines at first. He escaped from that famous unit a year or two before the war and crossed the border into Canada. He then enlisted in the Canadian army

Arm Chanèidianach agus b' ann còmhla riuthasan a thàinig e nall aig toiseach a' chogaidh, agus chaidh a ghlacadh aig Dieppe.

Bha mi fhìn 's e fhèin gu math mòr aig a chèile, agus cha b' ann air nithean faoin a bhitheamaid idir a' seanchas, oir bha fiosrachadh is tuigse aig Alabama a bha os cionn a' mhòr-chuid. Chanadh e rium fhìn, "If you want to play the fool, Mac, you must play him to perfection," agus gu dearbh dhèanadh esan sin. Leigeadh e air gur e dearg-amadan a bh' ann.

Bha e dol a-mach gu camp obrach à Mühlhausen còmhla ri buidheann eile agus, aig a' gheata, 's ann a thòisich mo liagh air caoineadh 's air lasagaich 's ag iarraidh tilleadh a dh'fhàgail beannachd is pòg aig a' Khommandant! Thill fear dhe na geàird còmhla ris 's e tachas a chinn, agus chaidh thusa Alabama suas chun a' Khommandant ga phògadh 's ga phlapaigeadh 's ag iarraidh fuireach far am faiceadh e gach latha e! Cha b' urrainn dhaibh a bhith strì ris is chaidh fhàgail às an dèidh.

Bha Alabama còmhla rium cuideachd ann an Straflager Mhasbach. Bha e ag obair ri mo thaobh fhìn a' lìonadh bara chlach agus an latha bha seo, thàinig e nall far an robh mi.

"Now, Mac," ars' esan, "You must play this one with me. I'm going to throw a fit. I'll make it look very realistic, foaming at the mouth accompanied by violent convulsions. You will rush over to me and call for help when I do it."

"Glè cheart," arsa mise.

Nuair a bha an gafair a' coiseachd faisge dhuinn, bha mi fhìn a' cumail sùil gheur air Alabama, feuch cuin a bha 'n 'tubaist' a' dol a dh'èirigh dha.

Chuala mi sgiamh; chunnaic mi Alabama ga bhualadh fhèin san eabar 's anns a' chlàbar puill ri taobh a' bhara. Leum mi null 's dh'eubh mi dhan ghafair tighinn gam chuideachadh. Thàinig e.

Bha cop geal mu bheul Alabama 's e ga luairgneadh fhèin sa pholl. Chlisg an gafair. Cha robh fios neo fàth aigesan gun do chuir Alabama cnap siabainn na bheul agus gur ann bhuaithe sin a bha 'n cop geal seo a' brùchdadh a-mach tro liopan. Dh'èigh mi fhìn air fear no and it was with them that he came over at the outbreak of war and was captured at Dieppe.

He and I got on very well together, but our conversations were not on foolish things, for Alabama had above average knowledge and intelligence. He would say to me, "If you want to play the fool, Mac, you must play him to perfection," and certainly he could do that. He would give the impression that he was a complete idiot.

He was going off to a work camp from Mühlhausen with a group of others. At the gate what did my brave fellow do but start weeping and wailing, wanting to turn back to kiss and take farewell of the Kommandant! One of the guards returned with him, scratching his head, and the bold Alabama went up to the Kommandant, kissing and embracing him and pleading to stay where he might see him every day! They could not cope with him and so he was left behind.

Alabama was with us too in the Masbach Straflager. He was working next to me filling barrows with stone and one day he came over to me.

"Now, Mac," he said, "you must play this one with me. I'm going to throw a fit. I'll make it look very realistic, foaming at the mouth accompanied by violent convulsions. You will rush over to me and call for help when I do it."

"All right," said I.

Whenever the gaffer walked near us, I kept a keen eye on Alabama to see when the 'fit' was going to strike him.

I heard a scream and saw Alabama fling himself into the mud and mire beside the barrow. I ran across and shouted for the gaffer to come and help me. He came.

There was a white froth about Alabama's lips as he writhed in the mud. The gaffer was horrified. He had not the slightest idea that Alabama had put a piece of soap in his mouth and that it was that which was producing the white foam which bubbled from his mouth. I called on one or

dhà eile a bha faisg air làimh agus thuirt mi ris a' ghafair gu feumamaid Alabama a thoirt air n-ais chun a' champa. Thug sinn an toiseach dhan hut bhig far am bitheamaid a' gabhail nam pìosan arain e, agus shìn sinn air a' bhòrd e. Thug e leth-uair an uaireadair mun do dheònaich e tighinn mun cuairt agus an uair sin cha robh fios aige - ma b' fhìor - càit an robh e. Chaidh mi fhìn is fear eile air ais còmhla ris chun a' champa, agus cha tàinig òirnn tighinn a-mach am feasgar sin tuilleadh.

Bha e madainn eile ann am Masbach a' gearain gu robh e uabhasach dona le piles agus e ag iarraidh chun an dotair. Cha d' fhuair e taing bho na Gearmailtich ach chuireadh air an rathad dhan chuaraidh còmhla rinn e. Ach bha Alabama a' coiseachd agus a dhà chois cho fada mach bho chèile 's a ghabhadh iad cur, agus nuair a chunnaic an geàrd e 's e dhol dheth fhèin a' gàireachdaich a rinn e, agus thill e Alabama air n-ais a-staigh.

'S e esan cuideachd a dh'inntrig an dòigh a bhith bualadh do ghlùine le pocan beag làn salainn. Le cumail air an seo an-dràsta 's a-rithist fad oidhche mun rachadh tu chun an dotair, bhiodh at mòr nad ghlùin anns a' mhadainn, agus gheibheadh tu latha no dhà dheth bhon obair gus an rachadh an t-at sìos. Dh'fhaodadh duine an t-at a chumail suas na ghlùin cho fad 's a thogradh e. Cò aig' tha fios nach e na fhuair mo ghlùinean-sa dhe na buillean bhon phocan salainn a dh'fhàg cho goirt an-diugh iad!

Nochd e dòigh eile air an car a thoirt às na dotairean. 'S e sin cnap bheag de phàipear-airgid a chagnadh nad bheul agus an cnap beag, no 's dòcha a dhà dhiubh, a shluigeadh mun rachadh an X-ray ort. Bha seo a' sealltainn air an dealbh agus a' dèanamh follaiseach gu robh ulcers air do stamaig.

Cha robh dad ri ionnsachadh do dh'Alabama. Chaidh a chur a-mach à Mühlhausen turas gu mèinn shalainn. Cha rachadh esan sìos gu h-ìseal gun an companach-leapa a thoirt leis - an giotàr. Thòisicheadh e an sin ri cluich dha na Gearmailtich agus, mar a bha nàdarra gu leòr, cha robh seo mì-thaitneach idir leis na Gearmailtich - ag èisteachd ri orain hillbilly Ameireaganach - ach cha robh e còrdadh ris na gafairean.

two others who were working nearby and said to the gaffer we would have to take Alabama back to camp. First we took him to the little hut where we ate our bread and laid him on a table. It took him half an hour before he decided to come round and then he did not know - or so he said - where he was. Another man and I went with him back to the camp and then we did not have to turn out any more that afternoon.

Another morning in Masbach he complained that he was suffering terribly with piles and demanded to see the doctor. He got no sympathy from the Germans and was sent on his way to the quarry with us. But Alabama walked with his two feet as far apart as they could be, and when the guard saw him and his method of progress, he fell about laughing and returned Alabama back inside.

It was he who invented the trick of beating your knee with a little bag full of salt. By doing this every now and then during the night before you went to the doctor, there would be a great swelling in your knee in the morning and you could get a day or two off work till the swelling went down. A man could keep the swelling going in the knee as long as he wished. Who knows whether it was all the blows my knees received from bags of salt that left them so painful today!

He showed us another way of tricking the doctors, which was to chew a little lump of silver paper in your mouth and then to swallow the little lump, or maybe two of them, before you were X-rayed. This would show up on the plate, indicating that you had stomach ulcers.

Alabama had nothing to learn. He was once sent out of Mühlhausen to a salt mine. He would not descend down below without his sleeping companion - his guitar. He would start to play for the Germans and naturally enough this was not unpleasant for the workers - listening to American hillbilly songs - but it was not popular with the gaffers.

Nuair a chaidh an giotàr a bhacadh air Alabama, cha bhiodh e ach a' caoineadh anns a' mhèinn fad an latha agus bha e na bu lugha dragh is trilleach Alabama agus an giotàr a thilleadh an taobh às an tàinig e - gu Mühlhausen.

When Alabama's guitar was banned he would just cry in the mine all day, and eventually it was less trouble and distraction to return Alabama and his guitar from whence they had come - to Mühlhausen.

8. Mühlhausen

Bha còmhlan-ciùil anabarrach math air a chur air bonn ann am Mühlhausen. B' e fear Sasannach dham b' ainm Dick Tanner agus gille Albannach dham b' ainm Jimmy MacFarlane an dà phrìomh-cheannard a bh' orra. Chaidh roinn mhath dhe na h-innealan ciùil fhaotainn tron a' Chrois Dheirg agus cuid eile dhiubh a cheannach sa Ghearmailt fhèin. Bha suas ri sianar fhear anns a' chòmhlan-ciùil agus inneal air leth aig gach fear - agus abair thusa gu robh pailteas de luchd-èisteachd ann nuair a ghleusadh 'Dick Tanner's Band'.

A thaobh 's nach e camp obrach a bha ann am Mühlhausen, faodar a thuigsinn nach robh am biadh cho math no cho pailt. Mar sinn 's ann ri parsailean na Crois Dheirg a bha beatha gach aon an crochadh, measgaichte ris a' bheagan a bhiodh ga roinn òirnn de bhiadh na dùthcha. Ach fhuair mi fhìn agus gille 'Tich' Ellis à Norfolk dòigh air ar cuibhreann bìdh a leasachadh gu deagh ìre.

Nuair a rachadh ar cur a-mach air partaidh-obrach timcheall a' bhaile - rud a thachradh an dràsta 's a-rithist nam biodh buidheann sam bith sa bhaile ag iarraidh luchd-obrach - bhitheamaid an còmhnaidh a' forfhais air fear an siud 's an seo an dèanadh iad iomlaid airson crogan cofaidh no teòclaid no dad sam bith dhen t-seòrsa sin. Anns an dòigh seo fhuair sinn ann an caraibh aon Ghearmailteach sònraichte a bha sinn ag ùisneachadh na fhear-meadhain eadar sinn fhìn agus margadh gu math torrach - 's e sin mar a theireadh iad sa Bheurla 'Black Market'. Gheibhinn dusan ugh airson crogan cofaidh agus lof de dh'aran seagail airson bàr no dhà teòclaid.

Faodaidh gu robh an Gearmailteach e fhèin a' faighinn dà dhusan air a' chrogan cofaidh ged nach robh sinne a' faighinn ach aon dusan, ach bha sinne pàighte gu leòr. Bha esan cho dligheach air beagan profaid a dhèanamh anns a' mhalairt agus a bha sinn fhìn. 'S ann dhàsan bu mhotha cunnart nan tigeadh a' chùis am follais. Chan fhaigheamaid-ne ach peanas beag air choreigin, ach bhiodh esan an cunnart a bheatha a chall.

8. Mühlhausen

A very good concert band was founded in Mühlhausen. An Englishman called Dick Tanner and a Scottish boy called Jimmy MacFarlane were the two principal leaders. Most of the instruments were obtained through the Red Cross, while others were bought in Germany itself. There were up to six men in the band, each with his own instrument, and you can bet there were plenty in the audience when Dick Tanner's Band struck up.

As Mühlhausen was not a work camp, it was only to be expected that the food was not so good in quality or quantity. Thus the life of each one was dependent on the parcels of the Red Cross, mixed with the little local food that was shared out amongst us. But a lad from Norfolk, 'Tich' Ellis, and I found a way to improve our rations a great deal. When we were sent out in working parties round the town - something that happened now and then if any company in the town needed workers - we also asked men here and there if they would barter anything for a tin of coffee or chocolate or things of that kind. In this way we made contact with one German in particular whom we used as an intermediary between ourselves and a highly productive market - the Black Market. I would get a dozen eggs for a tin of coffee and a loaf of rye bread for a bar or two of chocolate.

The German himself might have been able to get two dozen for the tin of coffee although we got only the one, but we were satisfied enough. He was as entitled to make a little profit on the transaction as ourselves. He was under the greater danger if the matter was discovered. We would be given some minor punishment, but he risked losing his life.

Ach cha ghabh an nàdar daonnda cìosnachadh gu tur. Ged a bha an cunnart seo ann agus sluagh na dùthcha air an cumail sìos fo dhòrn iarainn riaghladh nan Nazis, bha fear an siud 's an seo a bhristeadh air an lagh nam biodh a bheag no mhòr de bhuannachd aige ri fhaotainn às. Bha agus bithidh cùisean mar sin fhad 's a bhios aig a' chinne-daonnda ri an aran a chosnadh le fallas am bathaisean 's an gruaidhean.

Mar a thuirt mi cheana, 's e prìomh champa-gleidhidh nan Stalag a bh' ann am Mühlhausen 's cha robh obair a' dol idir ann. Ma bha obair ri dèanamh timcheall an àite chuirte partaidh-obrach a-mach airson an latha. Thachair seo aon turas an dèidh bomadh trom a chaidh a dhèanamh le plèanaichean Ameireaganach aig stèisean na trèana. Nuair a thòisich am bomadh, chaidh an luchd-siubhail uile dha na fasgaidhean fon talamh ri taobh an stèisein. Thuit bom air teis-meadhan fear dhe na fasgaidhean agus spreadh e.

Nuair a dh'fhalbh na plèanaichean, chaidh partaidh-obrach a chur a-mach às a' champ a ghlanadh suas beagan dhen mhilleadh a chaidh a dhèanamh, is bha mis' air fear dhen phartaidh.

Cha toir faclan a-mhàin gu sìorraidh seachad dealbh choileanta air an t-sealladh ana-cneasda a bha romhainn an latha ud. Pìosan cheann is chasan is làmhan sgaoilte thall 's a-bhos. Bìdeagan de dh'aodach eadhan crochte ri uèirichean an dealain. Stiallan de dh'fheòil dhaoine feadh na sràide, 's na clachan-sràide mun cuairt dhiubh dearg leis an fhuil a' ruith asta mun do reoth i. Cha robh aon duine slàn ri fhaicinn dhe na bha 'm broinn an fhasgaidh. Cha robh ann ach criomagan.

'S e deichnear a bh' anns a' phartaidh againn, agus 's e a' chiad rud a rinn sinn suidhe sìos is cur a-mach. Bha 'n sealladh cho oillteil ri dad a chunnaic mi riamh.

A thuilleadh air a seo, thionndaidh cus de shluagh a' bhaile a-mach agus, nuair a chunnaic iad sinne, chaidh iad air a' chaoch. Rinn iad òirnn gus ar stialladh às a chèile, ach bha feum againn air an dà ghèard an latha ud. Chùm iadsan bhuainn iad, a' stiùireadh nan gunnachan riutha, ach fhuair fear no dithis buillean. Chaidh aon fhear ann am paiseanadh le buille cloiche anns a' cheann.

But human nature can never be completely curbed. Despite this mortal danger for the people of the country oppressed under the iron fist of Nazi rule, there would be some here or there who would break the law if they could make some profit or other out of it. It was ever thus and always will be so long as mankind have to earn their daily bread by the sweat of their brows.

As I mentioned earlier, Mühlhausen was a primary holding camp for the Stalags and so there was no work done there. If work had to be done in the surrounding area, working parties would be sent out for the day. This happened one time after some heavy bombing by American planes on the railway station. When the raid started all the passengers went down into the underground shelters beside the station. A bomb fell right in the middle of one of the shelters and exploded.

When the planes had gone, a working party was sent from the camp to clear up a little of the destruction that had been wrought, and I was one of the party.

Words alone could never adequately depict the dreadful scene that greeted us that day: parts of heads and arms and legs scattered hither and thither; scraps of clothing even hanging on the overhead electric wires; pieces of human flesh lying about in the street and the cobblestones around them red with the blood which had flowed before it froze. There was not one complete human being to be seen of all those who had been inside the shelter. There were only fragments.

There were ten in our party and the first thing we did was to sit down and be sick. The sight was as horrific as any that I have ever seen.

Furthermore, many of the people of the town turned out and, when they saw us, they went berserk. They made for us to tear us apart and we had need of our two guards that day. They kept the people away by training their guns on them, but one or two of us received blows. One man was knocked unconscious by a stone to the head.

Anns a' ghlanadh a rinn sinn fhuair sinn cas nighinn. Bha a' chas slàn chun a' chruachainn agus stocainn cotain no lisle oirre, ach sin na bh' ann. Bha sinn shìos a-rithist trì latha na dhèidh seo is bha màthair na h-inghinn - dh'inns iad dhuinn - a' tighinn a dh'iarraidh na coise. Ciamar a chaidh a h-aithneachadh cha d' fhuair sinn a-mach, ach thug am boireannach truagh leatha a' chas ann am pram. Chuir na geàird sinne 'm falach fhad 's a bha ise an làthair, agus bha iad glè cheart. Creididh mi gur e Breatannaich bu lugha oirrese fhaicinn air an talamh an latha ud.

Bha 'm bomadh a' dol a-nis a dh'oidhche 's a latha. Na Yanks air an latha 's an RAF air an oidhche. Nochd na 'Flying Fortresses' aon latha bhon àrd an iar, baidean an dèidh baidein dhiubh. Bha a' chiad squadron air a dhol à sealladh anns an àird an ear agus am fear mu dheireadh fhathast gun nochdadh anns an àird an iar. Am beul na h-oidhche dhìrich an toit is dheargnaich an t-adhar thall an ear òirnn. Bha baile Gearmailteach eile na smàl.

In the clean-up we found a girl's leg. It was complete to the thigh with a cotton or lisle stocking, but that was all there was. We were back there again three days later and the girl's mother - we were told - came to collect the leg. How it was identified we never found out, but the poor woman took the leg away in a pram. The guards hid us while she was there and they were quite right. I can believe that the British were the last people on earth that she would have wanted to see that day.

The bombing now went on night and day: the Yanks by day, the RAF by night. The Flying Fortresses appeared one day from the west, formation after formation of them. The first squadron had disappeared in the east before the last one was in sight in the west. In the evening smoke rose and the sky reddened to the east of us. Another German town was ablaze.

9. Teicheadh às a' Mhèinn Shalainn

Earrach 1944. Bha sinn air sia seachdainean a chur seachad am Mühlhausen agus bha sinn air ar deagh dhòigh. Cha robh sinn ag obair no a' cuideachadh oidhirp-cogaidh na Gearmailt. Ach cha do mhair cùisean mar seo. Aon latha thàinig m' ainm fhìn is dithis eile suas air pàipear-òrdain. Bha sinn gu fàgail a-màireach gu mèinn-shalainn Merkers. 'S e Seòras Skead à Lìte agus Uilleam MacThòmais à Inbhir Nis an dithis eile.

Cha robh seo cho math. Chùm sinn comhairle-cogaidh am feasgar sin agus bhòidich sinn gun teicheamaid às air a' chiad chothrom, oir cha robh toil sam bith againn obrachadh ann am mèinn-shalainn. Cha robh toil againn obair de sheòrsa sam bith a dhèanamh - ach bha i seo dona buileach. "Bidh sinn air n-ais le latha no dhà." Agus mar a thubhairt, b' fhìor.

Ràinig sinn Merkers air feasgar agus chaidh ar suidheachadh a-staigh. Dh'obraich sinn an làrna-mhàireach o shia sa mhadainn gu sia feasgar. 'S ann gu h-àrd a bha 'n triùir againn ag obair, ach bha sinn cinnteach nach maireadh sin fada. Bhitheamaid sìos latha sam bith agus cha bhiodh teicheadh cho furasta an uair sin.

Rinn sinn suas gun teicheamaid an ath latha.

Cha robh an teicheadh a bha seo a' ciallachadh gu robh teans' againn faighinn a-mach thar crìochan na Gearmailt nas motha na bha tursan a dh'fheuch mise roimhe seo. 'S ann a' cath an aghaidh uachdaranachd ar nàimhdean bu mhotha bha sinn, uachdaranachd a bha an cunnart toil-saorsa a mhùchadh an inntinnean 's an cridheachan mura cogadh duine gu làidir na aghaidh. Bha thu a' sealltainn le teicheadh nach robh thu idir riaraichte.

Bha thu a' sealltainn le teicheadh gu robh spiorad na saorsa na bu luachmhoire na aon nì eile air talamh. Le teicheadh bha thu, os cionn na h-uile, a' dearbhadh dhut fhèin nach robh thu leagte ri bhith sàsaichte eadhan am braighdeanas cofhurtail; gu robh de dhuinealas annad na dh'fhuilingeadh ainneart is cruadal air sgàth a' cheartais.

9. Escape from the Salt Mine

Spring 1944. We had spent six weeks at Mühlhausen and we were well content. We did not have to work or to help the German war effort.

This did not last. One day my name came up in orders together with another two. We had to leave on the morrow for the salt mines at Merkers.[22] George Skead from Leith and William Thomson from Inverness were the other two.

This was not so good. We held a council of war that evening and swore that we would escape at the first opportunity, for we had no wish to work in a salt mine. We had no wish to do any work, but this was worst of all.

"We'll be back in a day or two." And so it proved.

We reached Merkers on an evening and got settled in. The next day we worked from six in the morning till six in the evening. The three of us worked on the surface but we were sure that would not last too long. Any day we might be sent down below and escape would then be more difficult.

We resolved to escape the next day.

This escape did not mean that we had any better chance of getting across the German border than on my previous attempts. It was more that we were rebelling against the authority of our enemies over us, a power that was in danger of crushing the spirit of freedom in hearts and minds unless a man resisted it strongly. By escaping you demonstrated that you were not content with your lot.

You showed by escaping that the spirit of freedom was more precious than anything else on earth. By escaping you were, above all else, proving to yourself that you were not resigned to being content in captivity, however comfortable; that you were enough of a man to suffer cruelty and hardship for the sake of justice.

Madainn an ath latha chaidh sinn a dh'obair a-rithist aig sia uairean sa mhadainn. Bha sinn fortanach gu robh ceò gu math trom ann agus bha seo gu mòr nar fàbhar. A' chiad chothrom a fhuair sinn, ghluais sinn gu socair nar triùir gu cùl seann charbad-cruidh a bha na laighe air loidhne an rathaid-iarainn. Bha sinn a-nis a-mach à fianais a' gheàird.

Gun an còrr maille, gheàrr sin às a-staigh dhan cheò agus ann am beagan mhionaidean bha sinn aig oir na coille a bha mu astar leth mhìle bhon àit'-obrach. Chaidh sinn a-staigh gu math innte, ach cha bhiodh e sàbhailte fasgadh is còmhdach na coille fhàgail gus an tigeadh an dorchadas. Mar sin, shocraich sinn sinn fhìn sìos a' feitheamh ciaradh na h-oidhche. Cha robh biadh againn ach beagan teòclaid agus mun tàinig am feasgar cha robh sin fhèin againn.

Bha a' choille na sgàil anabarrach math bhon ghrèin, oir bha teas mòr mòr ann nuair a sgaoil an ceò.

An ciaradh an anmoich ghluais sinn air falbh. Bhiodh an tòir a-mach a-nis nar dèidh ach bha sgàil na h-oidhche againn na bhrat-dìon bhon sùilean geura bha às ar dèidh. Turas no dhà chuala sinn coin a' comhartaich faisg agus shaoil leinn gur e an tòir a bh' ann. Mas e, cha d' fhuair iad sinn, ach bha mionaidean caran iomagaineach againn gus na tharraing iad air falbh bhuainn.

Lean sinn òirnn a' coiseachd fad na h-oidhche. Chùm sinn ris an rathad - bha e na b' fhasa a choiseachd - ach nuair a dh'fhairicheamaid càr neo baidhsagal a' tighinn, bha sinn a' falach an dìg an rathaid gu rachadh e seachad.

Mu chòig uairean sa mhadainn, bha sinn a' dlùthachadh air baile beag ann an gleann ìseal dùthcha. Bha am baile beag na chadal, agus mar mhèirlich anns an oidhche ghluais sinn gu furachail, fàillidh troimhe is thàinig sinn a-mach aig a' cheann eile.

Ach goirid na dhèidh seo, dh'fhairich sinn srann motor-bike. Mun d' fhuair sinn teicheadh bha e againn. Thug e sùil gu math amharasach òirnn, ach chùm e seachad. Glè mhath. Shaoileadh e gur e Frangaich no Pòlaich a bha dol gu obair a bh' annainn - Ausländer, mar a theireadh iad fhèin. Ach, goirid an dèidh dha dhol seachad, stad e.

On the next day we went to work again at six in the morning. We were fortunate that there was a fairly thick mist, which was greatly in our favour. At the first opportunity, the three of us moved slowly behind an old cattle truck that was stopped on the railway line. We were now out of sight of the guard.

Without further delay, we took off into the mist and in a few minutes were on the edge of a wood about half a mile from the workplace. We went deep into the wood, for it would not be safe to leave its cover and shelter till darkness fell. And so we settled ourselves down to await nightfall. We had no food except for a little chocolate - and by evening we did not have even that.

The wood gave excellent shade from the sun, for it was very hot once the mist dispersed.

In the late dusk we moved off. The hunt would now be on for us, but we had the shades of night as a shield from the sharp eyes of the pursuit. Once or twice we heard dogs barking nearby and we assumed it must be the hunt. If so, they did not find us, but we had a few fairly anxious moments until they drew away from us.

We carried on walking all night. We kept to the road, which made for easier walking, but when we heard a car or bicycle approaching we hid in the roadside ditch till it passed.

About five in the morning we came to a little village in a low-lying country valley. The village was asleep and, like thieves in the night, we moved quietly and carefully through it unseen and emerged on the other side.

But shortly after that we heard the roar of a motor-bike. Before we could hide, he was upon us. He gave us a very suspicious stare but carried on. Very good. He must have thought we were French or Poles going to work - Ausländers, as they called them. But shortly after passing us, he stopped.

Sheas e a' sealltainn air n-ais greiseag agus an sin thill e. Chaidh e an toiseach a-staigh dhan bhaile ach an ceann còig mionaidean thill e air n-ais. Dh'fhaighneachd e ann an Gearmailtis càit an robh sinn a' dol. Cha tuirt sinne guth.

Dh'iarr e òirnn coiseachd a-staigh dhan bhaile agus gu leanadh e fhèin sinn, ach gun feuchainn ri car mu chnoc sam bith a dhèanamh, a chionn gu robh dhà no trì de ghunnaichean air an stiùireadh rinn on bhaile.

Bha sinn a' faicinn nan cròileagan dhaoine aig oisean a' bhaile agus bha sinn glè chinnteach gu robh iad armaichte. Chan fheuchadh esan leis fhèin air an triùir againn idir.

He stood looking back for a while and then he returned. At first he went on into the village but after five minutes he came back.

He asked in German where we were going. We said nothing.

He ordered us to walk into the village and said that he would follow but not to try any tricks, as there were two or three guns trained on us from the village.

We could see a little group of men on a corner at the outskirts of the village and we were certain they were armed. He would not have attempted to take the three of us by himself.

10. Gestapo

Thugadh a-staigh do sheòmar mòr sa bhaile sinn - coltas cafaidh a bh' ann, bùird is sèithrichean mun cuairt. Bha còignear nan suidhe air suidheachain aig an dàrna taobh, le raidhflichean Eadailteach aca air an stiùireadh òirnn.

Thàinig fear eile mach tro dhoras le fiamh gàir' air agus cha mhòr nach leughadh tu 'Gestapo' anns na sùilean aige. Chaidh innse dhuinn na dhèidh seo gur e fear dhiubh bh' ann a thachair a bhith anns a' cheàrn seo a' lorg fiosrachadh mu pharachutists. Shaoil leotha an toiseach gum b' e sinne feadhainn dhiubh. Thug sinn an aire cuideachd dhan bhràiste a bha am broilleach seacaid an fhir dhuibh a rug òirnn. Bha fios is cinnt againn nach robh iochd no truas ri shealltainn aig fear a bha a' giùlain bràiste-suaicheantais nan Nazis, no idir, idir aig fear dhen Ghestapo.

"An e seo a' chrìoch?" arsa sinne ri chèile. Thuig sinn gu robh an t-àm atharrais-aineolais a chur an dàrna taobh agus dh'iarr sinn brath a leigeil chun a' cheannaird-airm a b' fhaisge. Bha fios againn nan tigeadh saighdear nach robh math dhaibhsan turas a ghabhail rinn, ach bha sinn a' faicinn gu robh sinn ann an làmhan nam fìor Nazis agus gun dìon an Airm Ghearmailtich againn. Ann am faclan eile, bha sinn ann an cunnart ar beatha.

Chuir ar suidheachadh geilt gu leòr òirnn, ach cha robh sinn a' dol a leigeil fhaicinn dhaibhsan gu robh laigse sam bith annainn.

Chuala sinn am fear dubh a' bruidhinn air a' fòn agus thug seo beagan misneachd dhuinn, ach dè cho beò 's a bhiomaid-ne mun tigeadh geàrd? B' e seo a' cheist.

Dh'innis sinn gur e prìosanaich-cogaidh Bhreatannach a bh' annainn, a theich à campa Mherkers.

Chuala sinn am fear dubh a' bruidhinn ris an fhear eile le guth ìseal; cha do ghlac sinn a fhreagairt ach chuala sinn am facal 'Strafe'.

Thuig sinn gum biodh an dochann ann, ach nan tigeadh geàrd no saighdear sam bith, bhiodh teans' againn ar beatha a ghleidheadh. Ann an làmhan nam brùidean seo, cha robh an teansa ach gu math caol.

10. Gestapo

We were taken into a large room in the village, a bit like a cafe with tables and chairs all around. There were five men seated on one side with Italian rifles trained on us.

Another man came through a door with a smile on his face and you could almost read 'Gestapo' in his eyes. We were told afterwards that he was indeed one of them who happened to be in this area seeking information on parachutists. They had suspected at first that we might be some of those. We also noticed the badge on the breast of the jacket of the dark one[23] who had captured us. We knew for sure that there would be no mercy or compassion shown by one who wore the Nazi emblem, nor certainly by a member of the Gestapo.

"Is this the end?" we asked ourselves. We realised that it was time to set aside pretend-ignorance and asked that a message be sent to the nearest senior army officer. We knew that if a soldier came they would not be allowed to touch us, but meantime we could see that we were in the hands of the real Nazis without the protection of the German army.

In other words, we were in mortal danger.

Our situation struck a lot of fear into us, but we were not going to let them see that we had any weakness.

We heard the dark one speaking on the phone and that gave us some hope, but how alive would we be before a guard could come? That was the question.

We said we were British prisoners of war who had escaped from Merkers camp.

We heard the dark one speaking to the other in a low voice. We did not catch his reply but heard the word 'Strafe'. We understood that to mean there would be physical punishment, but if any guard or soldier arrived we had a chance of escaping with our lives. In the hands of those brutes, it was only a slim chance.

"*Englische Schweinehunden*," ars am fear dubh, 's e tighinn a-nall gar n-ionnsaigh le pìos ròpa na làimh. Cheangal e làmhan Sheòrais an toiseach air a bheulaibh agus an sin mo làmhan fhìn agus làmhan Uilleim. Thuirt e gu robh e dol gar ceangal ri cùl càr 's a' dol gar slaodadh fad an rathaid chun a' champa. Thionndaidh e mun cuairt an sin le cuip rubair dhùbailte na làimh agus ghabh e dhomh fhìn leatha mun cheann. Bha mi fortanach mo làmhan a bhith air mo bheulaibh ged a bha iad ceangailte, oir rachadh agam air m' aodann 's mo shùilean a dhìon air na sràcan. Bha chuip a' lùbadh mum cheann 's mum chluasan, agus air m' fhacal-sa bha na sràcan goirt, ach diog cha do leig mi às mo bheul ach a' cumail mo dhà làimh, ceangailte 's mar a bha iad, suas rim aodann.

Nuair a thug e greis ormsa, thionndaidh e air Uilleam. Tharraing e a' chiad shràc gun fhios do dh'Uilleam mun d' fhuair e aodann a gheàird le làmhan agus lùb am pìos dùbailte de cheann na cuip tarsainn na sùil aige. 'S gann gun creideadh neach cho luath 's a dh'at sùil Uilleim a-mach às a cheann agus sruth fala aiste. Shàbhail e e fhèin air na sràcan eile, ach bha a shùil ann an droch shuidheachadh.

Nuair a fhuair Uilleam a chòir fhèin dhen dochann, thàinig e gu Seòras. A' chiad buille fhuair Seòras, bhuail e e fhèin ris an ùrlar a' leigeil air gu robh e ann am paiseanadh. Cha do dh'obraich sin idir oir dh'èigh esan air fear de chàch agus chùm am fear sin Seòras suas air ghruaig gus an d' fhuair e a chuid fhèin.

Fhad 's a bha seo a' dol air adhart, bha am fear eile 's fiamh gàire na ceilge air aodann a' coimhead òirnn. Bha e furasta fhaicinn 's a thuigsinn nach robh am bàs leud gas gruaige bhuainn mura tigeadh saighdear à geàrd a' champ a dh'aithghearrachd.

Ach bhrist fàth-uabhais is eagail eile a-staigh air ar smaointinn. Bha am fear dubh a-nall gar n-ionnsaigh a-rithist, coltas an fhìor mhurtair na dhà shùil, sgian chaol bhiorach an turas seo na làimh, nuair a dh'fhosgail an doras agus nochd dà shaighdear à geàrd a' champ a-staigh. Cha robh sinne riamh roimhe no na dhèidh cho

"*Englische Schweinehunden*,"[24] said the dark one, coming over to us with a piece of rope in his hand. He tied George's hands in front of him and then my hands and William's hands. He said he was going to tie us to the back of a car and drag us all the way back to the camp.

He then turned round with a double-tongued rubber whip in his hand and beat me about the head with it. It was fortunate that my hands were in front of me even though they were tied, for I could at least protect my face and my eyes from the strokes. The whip curled round my head and ears and, my word, those strokes hurt, but I did not utter a sound. I just kept my two hands, bound as they were, in front of my face.

When he had spent some time on me, he turned on William. With the first stroke he caught William unawares before he had time to protect his face with his hands. The double tongue on the tip of the whip curled round his eye. You would scarcely believe how fast the eye swelled up out of his head as it streamed with blood. He managed to protect himself from the other strokes but the eye looked in a sorry state.

After giving William his share of the blows, he came to George. At the first blow he received, George dropped to the floor, feigning unconsciousness. That did not work, for one of the others was called for to hold George up by his hair until he had received his share.

While all this was going on, the other one watched us with a treacherous smile on his face. It was obvious to see and understand that we were but a hair's-breadth from death if soldiers from the camp guard did not soon arrive.

But another reason for fear and terror entered our thoughts. The dark man was on his way towards us again, the look of a real murderer in his eyes, but this time with a slim sharp knife in his hand. Just then the door opened and two soldiers from the camp arrived. Never before or after were we so

taingeil do Dhia dà shaighdear Ghearmailteach fhaicinn 's a bha
sinn anns a' mhionaid ud. Bha sinn air aithneachadh gur e dòrainn-
chràidh a bha gu bhith ann an turas seo agus nach biodh iochd ri
shealltainn.

Dh'èigh fear dhe na saighdearan ris an fhear dhubh e stad gu
luath agus sinne fhuasgladh. Rinneadh seo agus dh'inns e dhàsan
a chunnartan a thaobh turas a ghabhail ri prìosanaich Bhreatannach
a bha - a rèir laighe-sìos lagh Geneva - fo chùram an Airm
Ghearmailtich. Bha 'm fear dubh a' cumail a-mach nach robh sinn
nar prìosanaich aon uair 's gun do theich sinn ach nar saighdearan
Breatannach agus mar sin nar nàimhdean dhan Ghearmailt.

Thionndaidh an gàire ceilge gu greann ghràineil air aodann an
fhir eile ach cha tuirt e diog. Choisich e mach gun fhacal a ràdh às
leth an fhir dhuibh, ged a bha sinn uile cinnteach gur e e fhèin a
phiobraich am fear eile gus an dochann a dhèanamh.

Thugadh air n-ais an toiseach gu Merkers sinn. Cha d' fhuair
sinn a-staigh idir ach dh'fhàgadh nar seasamh a-muigh sinn dà uair
an uaireadair. Bha sinn lag is fann le cion cadail is bìdh agus gu
h-àraid bhon droch ghiullachd a fhuair sinn, ach chan fhaighea-
maid suidhe. Bha na gillean a' cur a-mach cupannan de chofaidh
dhuibh thugainn tron uèir agus tha deagh chuimhn' agam gur ann
às dèidh an t-siathamh cupa deug a bha mo phathadh sàsaichte.

Am feasgar sin bha sinn air n-ais ann am Mühlhausen agus bu
mhòr iongnadh nan gillean nuair a chunnaic iad air ais cho luath
sinn. 'S e fear a mhuinntir Uibhist, Coinneach MacCoinnich,
Kenny Choinnich Shomhairle à Loch Baghasdail, a' chiad fhear a
dh'fhàiltich sinn taobh a-staigh a' gheata, agus bha e a' feuchainn
ar cinn air an robh cnapan uiread ri uighean chearc le buillean na
cuip rubair. Thugadh Uilleam dhan ospadal, ach cha do chaill e
fradharc na sùil idir. Bha sinn air ar puing a chur air n-adhart ged
a theab sinn pàigheadh daor air, ach cha chumadh an cunnart sin
air n-ais turas eile sinn. Bha sinn a' laighe 's ag èirigh le cunnart
gach latha agus bha cunnart cho dlùth-fhillte nar beatha agus gu
saoileamaid air uairean gum bu charaid dhuinn e.

104

thankful to God as we were at that moment for the appearance of two German soldiers. We had realised that this venture would end in an agony of torment and that no mercy would be shown.

One of the soldiers shouted at the dark man to stop immediately and release us. This was done and the soldier warned him of the dangers of interfering with British prisoners of war who were, as laid down in the Geneva convention, under the protection of the German army. The dark man maintained that once we had escaped we were no longer prisoners but British soldiers and thus enemies of Germany.

The false smile turned to a grimace of hate on the face of the other one but he said nothing. He walked out without a word of defence for the dark man, even though we were all certain that he was the one who had incited the other to torture.

At first we were taken back to Merkers, but, instead of being allowed inside, we had to stand outside for two hours. We were weak and faint from lack of sleep and food - and especially from the ill-treatment we had received - but we were not allowed to sit. The other boys would pass cups of coffee to us through the wire but I remember well that it was only after the sixteenth cup that my thirst was satisfied.[25]

That evening we were back in Mühlhausen, and the boys were greatly surprised to see us back so soon. It was a Uist man, Kenny Mackenzie, *Kenny Choinnich Shomhairle*[26] from Lochboisdale, who was first to welcome us inside the gates. He felt our heads, which had lumps the size of hens' eggs from the strokes of the rubber whip. William was taken to hospital, but he did not lose the sight of his eye. We had made our point and, although we had nearly paid very dearly for it, that danger would not deter us another time. We rose and slept under threat every day and danger was so close-woven into our lives that we sometimes thought of it as a friend.

11. Prìosanachd Aonaranach

Bha cinnt againn gum biodh dìoladh-fiach againn ri dhèanamh a-rithist airson an teicheadh seo, agus chaidh sinn chun an dotair agus ghearain sinn gu robh sinn truagh le tuaineal nar cinn mar thoradh air an dochann a fhuair sinn. Cha robh euslaint eile a smaoinich sinn suas nach robh ceàrr òirnn cuideachd, agus dh'òrdaich an dotair obair aotrom dhuinn. Bha seo a' ciallachadh nach b' urrainn dhaibh ar cur do Straflager Masbach an turas seo. An àite seo, dhèanamaid latha air fhichead air uisg' is aran ann an cealla-prìosain, gach fear dealaicht' o chèile.

Nan robh mise cho glic a' dol ann agus a bha mi a' tilleadh às, roghnaichinn na trì mìosan ann am Masbach air na trì seachdainean uisg' is arain, deuchainneach 's gu robh a' chuaraidh-chlach.

Chaidh sinn tro thrì rannsaichean a' dol a-staigh dhan phrìosan ach, a dh'aindeoin sin, chaidh mise staigh dham chealla fhìn le deich siogaraits agus suas ri leth bogsa mhaidseachan! Dh'fhuasgail mi coilear na seacaid far an robh am fuaigheal ga chumail dùbailte. Dh'fhosgail seo a-mach an coilear mun cuairt mar gum biodh sporan. Chuir mi na siogaraits fear as dèidh fir mun cuairt am broinn a' choileir. Gheàrr mi na maidseachan aig an leth agus chuir mi staigh am measg nan siogaraits iad agus dh'fhuaighil mi suas an coilear air n-ais mar a bha e. Dhinn mi ri chèil' e cho math agus a ghabhadh dèanamh mu faiceadh sùil amharasach caran tomadach e, agus mar seo chaidh mi chun a' chiad rannsachaidh. Dh'fhosgail iad ar beul is dh'fheuch iad eadhan na h-imleagan againn, ach cha tug iad làmh riamh air coilear na seacaid. Bha mòran aca ri ionnsachadh fhathast ged bu Ghearmailtich fhèin iad! Chaidh an dà rannsachadh eile seachad air an aon dòigh, 's chaidh mise staigh agus mo chuid smoc agam.

Bha a' chealla bheag mu dheich troighean a dh'fhad agus mu ochd a leud. Tha deagh chuimhn' agam, oir thomhais mi iomadh uair i fad nan trì seachdainean air sgàth a bhith a' dèanamh rudeigin.

11. Solitary Confinement

We knew that we would have another penalty to pay for this escape, and so we reported to the doctor complaining that we were suffering badly from dizziness as a result of the beating we had received. We claimed also to be suffering from every other sort of complaint we could dream up, and so the doctor put us on light work. This meant that they could not send us to Masbach Straflager on this occasion. Instead we would spend twenty-one days in prison cells on bread and water in solitary confinement.

If I had been as wise going there as I was on my return, I would have preferred the three months in Masbach to the three weeks on bread and water, however arduous the rock quarry.

We were searched three times going into prison, but despite that I got into my cell with ten cigarettes and nearly half a box of matches!

I unpicked the collar of my jacket where the material was stitched double. This opened up the collar all round like a purse. I laid the cigarettes one after another all round the collar. I cut the matches to half size, put them in among the cigarettes and sewed up the collar again. I pressed it together as much as possible less a suspicious eye should notice it looked rather bulky, and so proceeded to the first search. They opened our mouths and even probed our navels, but they never touched the collars of our jackets. They still had much to learn, despite German efficiency! The other two searches were passed in the same way and I got into my cell with my smokes intact.

The little cell was about ten feet long by eight feet wide. I remember it well, for I measured it many times during the three weeks for the sake of something to do.

Bha leabaidh chruaidh fhiodh ris an dàrna taobh le aon phlaide oirre. An aon uinneag a bh' ann, bha i cho àrd sa bhalla 's nach fhaicinn a-mach troimhpe agus bha ceithir bàraichean iarainn o mhullach gu bonn oirre.

Bha leabhar beag ùrnaigh nam phòca 's dh'fhàg iad agam e, agus sin na bh' agam a ghabhadh leughadh fad na h-ùine. 'S cha mhòr nach robh e agam air mo theangaidh mun robh an ùine suas.

Gheibheamaid ar cuibhreann arain gach latha aig meadhan-latha. Cha robh seo mòr - chanain gum biodh mu shia unnsaichean ann - agus b' e seo ar cuid gus an ath latha. Air uairean dh'fhàgainn bìdeag a bhiodh agam feasgar, ach mar bu trice dh'ithinn còmhla e - ach fhathast bhiodh an t-acras orm. Gheibheamaid na dh'iarramaid de dh'uisge. Gach treas latha bha biadh blàth againn: cupa de bhrot cho tana ris an uisge, ach bha e blàth 's bha sin fhèin na annas. Cha robh uaireadair agam ach an ceann ùine bheirinn deagh oidhirp air an uair aithneachadh, is cha bhithinn idir fada ceàrr.

A h-uile feasgar bha sinn a-muigh airson leth-uair a' coiseachd mun cuairt às dèidh a chèile ann an sgueadhar a' phrìosain. Cha robh math bruidhinn ri chèile. Bha na geàird nan seasamh làmh rinn 's cha robh earbsa chòir sam bith againn às na corragan a bh' air na trigearan.

Tha e doirbh a thuigsinn do neach nach do dh'fhiosraich riamh e cho fìor throm 's a tha cion companais air inntinn duine. Le cion companais chan e companas dhaoine uile-gu-lèir a tha mi ciallachadh idir. Tha mòran seòrsa companais ann: na h-eòin a' seinn sna craobhan; an crodh 's na caoraich ag ionaltradh san achadh; na beanntan; fuaim na mara; no eadhan fuaim nam plèanaichean 's nam bomaichean a' spreadhadh. 'S e companas a th' anns gach rud dhiubh seo. Tha thu nam measg 's tha iadsan a' measgachadh nad bheatha. Ged nach bruidhneadh tu riutha, tha d' inntinn a' dèanamh balbh-sheanchas riutha agus iadsan riutsa.

Anns a' chùil bhig thruaigh a bha seo cha robh mun cuairt ort ach ceithir ballachan dubh. Cha robh aon-seòrsachd an là an-diugh ach a' gealltainn a leithid eile a-màireach. 'S e soilleireachadh

There was a hard wooden bed on one side with a single blanket. The one window was so high in the wall that I could not see out and it was fitted with four iron bars from top to bottom. They left me a little prayer book which I had in my pocket, which was all I had to read for the whole period. I almost knew it by heart before the time was up. We would be given our bread ration every day about noon. There was not much - I would say about six ounces - but that was it till the next day. Sometimes I would leave a little for the evening but more often I would eat it all together and still feel hungry. We could have as much water as we wanted. Every three days we had some warm food: a cup of broth as thin as water, but it was warm, and that itself was a treat. I had no watch but after a while I could make a fair attempt at guessing the time and I would not be far wrong.

Every evening we were allowed out for half an hour, walking round one after another in the prison square. Talking was forbidden. The guards stood nearby and we had no great faith in the restraint of their trigger-fingers.

For one who has never experienced it, it is difficult to comprehend the depressing effect of lack of companionship on the human mind. By lack of companionship it is not altogether the lack of human company that I mean. There are many kinds of companionship: birds singing in the trees; cattle and sheep grazing in the fields; the mountains; the sound of the sea - or even the noise of planes and bombs exploding. Each one of those things is some kind of a companiment. You are amongst them and they play a part in your life. Although you do not speak to them, your mind is engaged in silent dialogue with them and they with you.

In this miserable little hole you had only four black walls around you. The monotony of the day today promised only more of the same tomorrow. The dawning of the

an dàrna latha air fhichead an aon bhiùg bheag solais a chithinn san dorchadas, ach bha iomadh latha is oidhche mun ruiginn an solas sin fhathast. Cha robh ach feitheamh, feitheamh, feitheamh ... 'S ann a' feitheamh a bha thu fad na h-ùine. A' feitheamh an arain, a' feitheamh an fheasgair, a' feitheamh na h-oidhche 's àm cadail. Cadal is dùsgadh mu seach fad na h-oidhche agus anns a' mhadainn a' feitheamh a-rithist. An cur e iongnadh air duine ged a thuirt mi gu roghnaichinn clachan Mhasbach ri a leithid seo a-rithist?

Bheirinn greis a' coiseachd air n-ais 's air n-adhart, greis a' leughadh an leabhar-ùrnaigh; leughainn e mu dheireadh 's mo shùilean dùinte. Cha do mhair na siogaraits ach mu dhà latha, 's cha robh an cur-seachad ùine sin fhèin agam a-nis.

Ach ruith na làithean seachad, cho fad' 's gu robh iad, 's thàinig ceann na h-ùine. A-màireach bhiomaid saor; saor, ach fhathast am bràighdeanas? Ceart, ach saor bhon daorsa aigne-chuingte a bha seo.

Madainn a-màireach, dh'fhosgladh doras nan ceallan. Fhuair sinn parsail Crois Dheirg am fear agus leth-cheud siogarait. Cha robh an trèan a' falbh gu meadhan-latha, 's thàinig càch a-staigh còmhla riumsa gus am biodh an uair ann. Nuair a thàinig an geàrd chun an dorais gar n-iarraidh, chan fhaiceadh e sinn le toit!

Anns an trèan bha cuirm mhòr gu bhith againn air na parsailean, ach an dèidh greim no dhà de bhiadh làidir bha sinn uile tinn, bochd. Fad an fheasgair sin 's e biadh an aon rud bu lugh' oirnn smaointinn air. Cha d' fhuair sinn norradh cadail an oidhche sin air sàillibh am beagan bìdh a ghabh sinn, ach le latha no dhà bha sinn sgaiteach gu leòr.

twenty-second day was the only chink of light I could look forward to in the darkness, but many days and nights had still to pass before I reached that light. There was only waiting, waiting, waiting ...

You were always waiting. Waiting for the bread; waiting for the evening; waiting for night and the time to sleep. Sleeping and waking all through the night and, in the morning, waiting again. Is there any wonder that I said I would prefer the rocks of Masbach to this kind of punishment again.

I would spend some time walking back and forward and some time reading the prayer book. Eventually I could read it with my eyes shut. The cigarettes lasted only about two days, and so I did not even have that pastime.

But the days passed, tedious though they were, and the sentence came to an end. Tomorrow we would be free. Free, but still captive? Yes, but free from this spirit-crushing bondage.

The next morning the cell doors were opened. We got a Red Cross parcel each and fifty cigarettes. The train did not leave till midday and the other two joined me till it was time to go. When the guard came to the door to fetch us, he could not see us for smoke!

In the train we were going to have a great feast from the parcels, but after a bite or two of rich food we were all sick. All that afternoon, food was the last thing on our minds. We had not a wink of sleep that night because of having so little food, but in a day or two we were hungry enough.

12. An Dàrna Mèinn Shalainn

An siathamh latha dhen Og-mhìos 1944. Dh'èirich sinn a' mhadainn sin mar a b' àbhaist. Mu dheich uairean sa mhadainn thàinig an naidheachd mun cuairt gu robh na feachdan Breatannach is Ameireaganach air tighinn air tìr san Fhraing a' mhadainn sin. Bha othail mhòr feadh a' champa. Dè thachradh? An e leithid oidhirp Dieppe a bhiodh ann?

Chuala sinn am feasgar sin craobh-sgaoileadh air Rèidio na Gearmailt. Bha am fear-labhairt a' leudachadh air mar a bhiodh am bualadh-tìre a bha seo air a chasg an iomlaid ceithir uairean fichead, ach an àite seo 's ann a bha na feachdan seo an ceann ceithir uairean fichead air iad fhèin a dhaingneachadh gu làidir air tìr 's a' sìor phutadh air n-adhart. Thog inntinnean gach duine, 's bha a h-uile latha a' toirt brath às ùr air dàrna cogadh na Frainge.

Ged a bha strì gu leòr a' dol san Eadailt greis mhath roimhe seo, bha deagh thuigs' againn nach b' ann bhon taobh sin a thigeadh cobhair idir òirnn. B' e an Fhraing a' ghlas a bha ri fosgladh agus bha an iuchair a-nis an grèim gu daingeann innte le meòirean greimeil, cumhachdach ga sìor thionndadh.

Ach ceart ann an teis-meadhan a' ghreadhnachais-inntinn seo thuit beithir lasrach a shlaod mise nuas leatha às na neòil anns an robh mi gu fearann fuar coimheach na Gearmailt air n-ais. Bha mi ri falbh an ath latha gu mèinn-shalainn eile ann am baile Bischofroda. Cha robh cothrom air, ach bhòidich mi mar a b' àbhaist nach fhanainn ann.

Cha robh fios agam an uair sin dè bha romham no gu robh mo làithean-teichidh seachad, ach far a bheil fhathast beatha tha dòchas. Bha deagh dhòchas agamsa a' falbh gu Bischofroda, ach mura b' e ruigheachd thìmeil nan Yanks 's e teansa gu math caol a bh' agam air faighinn às an trom-thrioblaid anns an d' fhuair mi mi fhìn ann am Bischofroda.

An àm sìth 's e àit'-obrach mòr a bh' ann am mèinn-shalainn Bischofroda. A bharrachd air a' mhèinn, bha factaraidh gu h-àrd

12. The Second Salt Mine

Sixth of June 1944. We rose that morning as usual. About ten o'clock in the morning, the news spread that British and American forces had landed in France that morning. There was great excitement throughout the camp. What would happen? Would it just be like the Dieppe raid?[27]

That evening we heard a broadcast on German radio. The speaker was explaining how this invasion would be halted in about twenty-four hours, but instead in twenty-four hours the Allied forces had reinforced strong positions ashore and were ever pressing forward. Everyone's spirits lifted and every day brought fresh news on the second front in France. Although there had been plenty of fighting in Italy for some time, we all knew very well that relief would not come from that direction. France was the lock that had to be opened and the key had now been firmly inserted and was being continually turned in the grip of powerful fingers.

But, right in the middle of this joy of spirit, a thunderbolt struck which dragged me with it from the cloud I was on back down to the cold, alien earth of Germany. I was to be sent the next day to another salt mine in the town of Bischofroda.[28] There was no way out but I swore as usual that I would not stay there. I did not know then what lay before me or that my escaping days were over, but where there is still life, there is hope. I had great confidence going off to Bischofroda, but if it had not been for the timely arrival of the Yanks, I would have had a very slim chance of escaping the deep trouble I found myself in Bischofroda.

In time of peace the salt mine at Bischofroda was a huge workplace. Apart from the mine, there was a factory above far an robh an salann air a bhleith 's air a ghràineachadh air rèir dè am feum gus an robh e a' dol. Bha an obair a' dol a dh'oidhche 's a latha agus bha na ceudan tunna gan cur a-mach anns gach ceithir uairean fichead.

Ràinig mise Bischofroda feasgar brèagha foghair an dèidh ceithir uairean siubhail san trèan. Chaidh an toiseach mo thoirt do dh'oifis a' Khommandant, agus sin far an d' fhuair mo dhòchas-teichidh a' chiad bhuille. Cò an Kommandant a bh' ann ach am fear a bh' air Straflager Masbach nuair a bha mis' ann. Agus anns a' cheart mhionaid anns na dh'aithnich mis' esan, dh'aithnich esan mise. Thug e seachad òrdan cruaidh gu robh mi ri dhol sìos gu h-ìseal dhan mhèinn shalainn anns a' mhadainn a-màireach.

"Cha do theich duin' à Bischofroda fhathast bhon a thàinig mise," ars esan, "agus chan fhaigh thus' an cothrom a bhith air thoiseach." Uill, cha robh cothrom air, ach cha do dh'fhalbh mo dhòchas teichidh idir.

Cha robh an obair sa mhèinn buileach dona idir. Cha bhiodh òirnn a' dol sìos ach briogais is seacaid thana denim, agus nuair a thigeamaid a-nuas bha sinn a' gabhail fo fhras-ionnlaid mun cuireamaid òirnn ar n-aodach fhìn. Gu h-iseal bha mu mhìle ri choiseachd chun an aodainn far an robh an salann ga bhuinnig. Bhiodh na stèigearan a' siubhal air baidhseagalan. 'S e beairtean-sgrìobaidh bu mhotha bh' air an ùisneachadh, agus mar sin cha robh an obair fìor throm. Ach bhiodh do làmhan 's do liopan daonnan saillte. Bha blas saillte air an t-siogarait nad bheul agus air a' phìos arain a dh'itheadh tu. Ach bha aon bheannachadh air a bhith shìos fon talamh an geamhradh ud - cha tàinig oirnn am fuachd fhulang.

Greiseag ro Nollaig 1944 bha gille Sasannach a' fàgail a' champa a' dol gu ruige Mühlhausen agus chan fhaca mise dad na b' fheàrr na litir a chur leis gu fear Monty Banks à Dùn Dè a dh'fhàg mi ann am Mühlhausen. Bha Monty e fhèin ann am Masbach agus bha deagh eòlas - no droch eòlas, 's dòcha - aige fhèin air a' Khommandant.

Dh'inns mi do Mhonty san litir mun fhear a bha romham na Khommandant agus cha do chaomhainn mi briathran gu math where the salt was milled and granulated, depending on the use to which it was to be put. The work went on night and day and hundreds of tons were produced every twenty-four hours.

I reached Bischofroda one lovely autumn afternoon after a four hour journey by train. I was taken first to the office of the Kommandant, and that was where my hopes of escape suffered their first blow. Who should the Kommandant be but the very one who had been in charge of Masbach Straflager while I was there. In the very moment that I recognised him, he recognised me. He issued strict orders that I was to go down below in the mine the very next morning.

"No-one yet has escaped from Bischofroda since I arrived," he said, "and you will not get the opportunity to be the first."

Well, it could not be helped, but I still had some hope.

The work in the mine was not too bad. Going below, we wore only trousers and jacket of thin denim and, on coming up again, we went into the showers before donning our own clothes. Below there was about a mile to walk to the face where the salt was extracted. The Steigers (pit foremen) travelled about on bicycles. The tools used were mostly scrapers, and so the work was not so arduous. But your hands and lips were always salty. The cigarette in your mouth and the bread that you ate tasted salty. However, there was one blessing about being underground that winter: we did not have to suffer the cold.

A little while before Christmas 1944 an English lad was leaving the camp for Mühlhausen and I saw nothing better than to send letter with him to Monty Banks from Dundee, whom I had left in Mühlhausen. Monty had also been in Masbach, and so he too had a good acquaintance - or bad acquaintance, perhaps - with the Kommandant.

In the letter I told Monty about the man I had found before me as Kommandant and I did not spare writing some

làidir a chur sìos mu dhèidhinn. Bhiodh e freagarrach an seo gun cuirinn sìos na dearbh bhriathran a sgrìobh mi mu dheidhinn, oir 's ann a thaobh nan dearbh fhacal seo a chuir mi mo bheatha ann an cunnart a call.

Thuirt mi mun Khommandant:

"When I arrived, who was Kommandant here but that swine-faced bastard, our old friend of Masbach."

Dh'innis mi mar a dh'òrdaich e gu h-ìseal mi agus a h-uile dad, agus lean mi orm:

"May his rotten German bones roast in Hell. If I'm still here when the Yanks arrive, I'll tear him apart myself with my bare hands."

Chuir an gille Sasannach an litir na bhròig, ach gu mì-fhortanach, chaidh a rannsachadh agus fhuair iad an litir. Gu mì-fhortanach dhòmhsa cuideachd, 's e na figearan 1197 a chuir mi aig bonn na litreach. B' e seo an àireamh-prìosain agam, ach thuigeadh Monty glè mhath cò bh' ann. Thuig na Gearmailtich na b' fheàrr e! Nan robh mi air m' ainm a chur rithe, cha bhiodh a' chùis idir cho furasta dhaibhsan.

Greis an dèidh na Bliadhn' Uire, fhuair mis' agus triùir eile a rinn droch dhochann air geàrd sumanadh gus a dhol gu Bad Sulza. Chaidh an litir a chur air mo bheulaibh. "An tu a sgrìobh sin?" arsa fear tiugh bàn ann an deagh Bheurla.

Leugh mi fhìn an litir. Thuig mi gu robh mi ann an teine-teth. Cha dèanadh e mòran feum a dhol às àicheadh - bha mi air mo bhrath leis na figearan 1197 - ach carson a dh'aidichinn fhad 's a b' urrainn mi cumail nan aghaidh.

"Cha do sgrìobh mise sin idir," arsa mise.

"Sgrìobh pìos dhen litir air a' phàipear sin," ars esan agus a' sìneadh dhomh duilleag fhalamh. Sgrìobh mi fhìn toiseach na litreach ach 's e diofar sgrìobhaidh a rinn mi.

"Chan e sin do làmh-sgrìobhaidh àbhaisteach idir," ars esan. "Sgrìobh t' ainm."

Sgrìobh mi m' ainm air an aon dòigh.

116

strong language about him. It would be relevant here to set down the exact words I used about him, for it was because of these very words that I put myself in danger of losing my life.

I said about the Kommandant:

"When I arrived, who was Kommandant here but that swine-faced bastard, our old friend from Masbach."

I told how he had ordered me below and everything and then carried on:

"May his rotten German bones roast in Hell. If I'm still here when the Yanks arrive, I'll tear him apart myself with my bare hands."

The English lad put the letter inside his boot but, unfortunately, he was searched and they found the letter. Unfortunately for me too, I had put the figures 1197 at the bottom of the letter. This was my prison number and Monty would have understood very well who it was. The Germans understood it even better! If I had signed my name, it could not have been easier for them.

Shortly after New Year, I was summoned to Bad Sulza along with three others who had beaten up a guard. The letter was placed before me. "Did you write that?" asked a thickset fair-haired man in good English.

I read the letter. I realised that I was in hot water. There was not much point in denying it; I was betrayed by the number 1197, but why should I confess while I could still oppose them.

"I did not write that," said I.

"Write part of the letter on that paper," he ordered, handing me a blank sheet. I wrote the first part of the letter but I used a different writing.

"That is not your usual handwriting," he said. "Sign your name."

I signed my name in the same false way.

Shìn e an uair sin dhomh an litir mu dheireadh a sgrìobh mi
dhachaigh. Chùm iad air n-ais i, a' coimeasachadh an dà litir ri
chèile, agus 's e an aon làmh-sgrìobhaidh a bh' anns na dhà.
Agus bha an sgrìobhadh a rinn mi dha an-dràsta tur eadar-dhealaichte.
"Bheil fhios agad," ars esan, "gu dè binn fear sam bith a bheir
toibheum do dh'oifigeach Gearmailteach?"
Cha tuirt mise guth. Shìn e pàipear dhomh.
"Cuir t' ainm ris," ars esan.
Sgrìobht' air a' phàipear am Beurla agus an Gearmailt bha na
faclan:
"Tha mi 'g aideachadh gur mi sgrìobh an litir agus gun tug mi
toibheum do dh'oifigeach Gearmailteach."
"Cha chuir mi m' ainm idir ris," arsa mise. Dh'èirich e bhon
bhòrd 's thàinig e nall mun cuairt is cha do dh'fhairich mise a' bhuille
a thàinig thugam sa chluais gus an robh mi nam shìneadh air an ùrlar.
"Sgrìobh a-nis e," ars esan.
"Cha sgrìobh," arsa mise, "ach tha mi ag iarraidh
a' Chommandant Bhreatannaich fhaicinn anns a' mhionaid." B' e
Sàirdseant-Màidsear Townsley an Commandant am Bad Sulza.
Mar fhreagairt chuir e an siogarait laiste bha na làimh ris
a' bhus agam. Bha mi goirid dhan doras agus bha fios a'm nach
robh e glaiste, agus gheàrr mi leum agus bha e fosgailt' agam agus
mi mach troimhe ann an iomlaid cairteal na mionaid. Choisich mi
sìos an trannsa chaol a bh' ann agus thachair an dà gheàrd rium.
Cha tàinig esan a-mach idir às mo dhèidh. Thuirt mi ris na geàird
gu robh mi deiseil, gun do dh'iarr am fear bàn orm tighinn a-mach.
Cha tuirt mi guth riuthasan mar a thachair. Thill an geàrd air n-ais
leam a dh'oifis an fhir bhàin agus dh'fhaighneachd e robh mi
deiseil gu falbh.
"Tha," ars esan. "Bidh a' chùirt ann am baile Halle an ath mhìos."
"Agus faodaidh tusa," ars esan riumsa, "do thiomnadh a
dhèanamh." Cha tug e guth ris na geàird dè thachair eadarainn
roimhe sin - bha fios aige fhèin nach robh còir aige a bhith air a dhol
cho fada. Bha cùirt nan gillean eile gu bhith ann aig an aon àm.

118

He handed me the last letter I had written home. They had held it back to compare the two letters and the writing in both was the same. The style in which I had just written was totally different.

"Do you know," he asked, "what the sentence is for anyone who libels a German officer?"

I said nothing.

He handed me a paper.

"Sign that," he said.

Written on the paper in German and English were the words: "I confess that it was I who wrote the letter and that I libelled a German officer."

"I will not sign that," said I. He rose from the table and came round. I did not feel the blow that struck me in the ear till I found myself lying on the floor.

"Now sign it," he said.

"I will not sign," I replied, "but I want to see the British Commandant immediately." Sergeant Major Townsley was the Commandant in Bad Sulza.

In response he ground the lit cigarette in his hand into my cheek. I was close to the door, which I knew was not locked. I leapt and opened it and was out through it in about a quarter of a minute. I walked down the narrow passage and the two guards met me. He did not come out after me. I told the guards that I was finished and that the blond man had told me to go out. I said nothing about what had happened. The guard took me back into the blond man's office and asked if I was cleared to go.

"Yes," he said, "his trial will be in the town of Halle next month." To me he added, "You may as well make your last testament."

He said nothing to the guards of what had happened between us before; he knew himself he had no right to go so far. The trial of the other boys was to be at the same time.

Bha 'n trèan gu fàgail nuair a thàinig na plèanaichean. Thòisich am bomadh. Thàinig aon phlèan a-nuas na teine mu astar leth-mhìle bhuainn, agus leig sinn iolach mhòr nuair a chunnaic sinn a' chrois dhubh oirre.

An oidhche sin air an rathad air n-ais, b' fheudar dhuinn an trèan fhàgail agus coiseachd mu thrì mìle mun cuairt baile beag a bh' ann, a thaobh 's gun deach an rathad-iarainn a mhilleadh am feasgar sin le na bomaichean.

Chaidh mìos seachad is cha robh sinn a' cluinntinn guth air cùirt, ach mura robh bha sinn a' cluinntinn gu leòr eile. Cha robh fuaim is turtar nan gunnaichean a' stad a-nis a dh'oidhche no latha. Bha na rathaidean-iarainn uile nan iallan agus cha robh an salann a' fàgail na factaraidh le cion innealan-aiseig. Bha na tuathanaich mun cuairt a' dèanamh latha math dhen t-suidheachadh seo, a' toirt air falbh na thogradh iad de shalann leis na cairtean.

Chaidh a' mhèinn 's am factaraidh a ghearradh sìos gu ochd uairean obrach anns gach ceithir uairean fichead le cion cumhachd-dealain. Thàinig plèan tarsainn aon latha gu math ìseal agus leum sinn uile mach a' smèideadh le searbhadairean 's le lèintean. Chuir i trì cuairtean os ar cionn a leigeil fhaicinn gu fac iad sinn agus thug i às dhan àird an iar a-rithist.

The train was about to leave when the planes arrived. The bombing started. One plane crashed in flames about half a mile away. We let out a great shout of triumph when we saw the black cross on it.

That night on our way back, we had to leave the train and walk about three miles around a little village because the railway lines had been damaged that afternoon by the bombers.

A month went by, and though we heard nothing about a court, we certainly heard much more of other things. The sound and rumble of the guns never stopped, day or night. The railways were all wrecked and salt was not leaving the factory for want of transport. The farmers round about had a heyday in this situation, taking away all the salt they wanted with their carts.

The mine and factory were cut back to eight hours working out of twenty-four by lack of electricity. One day a plane came over very low and we all ran out waving towels and shirts. It made three orbits above our heads to show that we had been seen and then set off to the west again.

13. Air Ghluasad

"*Deutschland Kaputt!*" Cha chuireadh iad an aghaidh seo a-nis idir, ach 's gann gu robh iad a' creidsinn a' ghnothaich a bha tachairt. Cha robh cogadh ga chur air fonn an dùthcha fhèin o àm Napoleon agus 's e suidheachadh buileach ùr dhaibh a bh' ann.

Cheasnaicheadh an luchd-obrach sinne mu dheidhinn na Yanks. Dè dhèanadh iad is dè an seòrsa dhaoine a bh' annta? Is am fàgadh iad beò iad?

Mu dheireadh dh'inns na geàird dhuinn gu robh sinn gus falbh madainn a-màireach.

"Cà'il sinn a' dol?"

"Tha 'n t-òrdan againn. Feumar na prìosanaich aiseag gu àite sàbhailte cuidhteas trom-theine nan gunnachan."

"Chan eil sinne 'g iarraidh falbh."

"Feumaidh sinne ur toirt air falbh."

Madainn an ath latha, chaidh triùir againn am falach fon ùrlar am beachd gum falbhadh càch gun sinne idir. Ach rannsaich na geàird an t-àite bho bhun gu bàrr 's cha robh againn ach càch a leantainn.

Bha na h-Ameireaganaich mu chòig mìle deug an iar òirnn agus a' sìor dhlùthachadh, agus 's e gnothach bochd a bh' ann leinne a bhith teannadh na b' fhaide bhuapa. Ach bha sinn a' reusanachadh nach b' urrainn dhaibh ar toirt ro fhad' an ear no thachradh na Ruiseanaich òirnn is bha cho math leis na geàird a bhith 'n ìnean an donais fhèin agus a bhith an ìnean nan Russkies.

Bha na geàird seo fìor mhath rinn. Dh'fhàg an t-oifigeach dhan tug mis' an teisteanas anns an litir mìos roimhe seo; tha mi creidsinn gu robh eagal fhèin air co-dhiù. Cha robh fear sa champa nach cuireadh an gunna ris a' chiad chothrom.

An ceann trì latha coiseachd, thàinig sinn gu baile, 's dh'fhan sinn an oidhche sin agus an làrna-mhàireach ann am factaraidh an iomall a' bhaile. Feasgar, chaidh innse dhuinn nach robh sinn a' dol na b' fhaide; nach robh an t-arm sa bhaile gus cath a chur suas idir

13. On the Move

"Deutschland Kaputt!" (Germany finished). They would not dispute this now but they could scarcely believe what was happening. War had not been waged on their own soil since the time of Napoleon: it was a totally new situation for them.

The workers questioned us about the Yanks. What would they do and what sort of men were they? Would they spare their lives?

Eventually the guards told us we were to leave the next day.

"Where are we going?"

"We have our orders. The prisoners have to be taken to a place of safety away from the barrage of the guns."

"We don't want to leave."

"We have to take you away."

On the morning of the next day, three of us hid under the floor, thinking that the rest would go without us. But the guards searched the place from top to bottom and all we could do was to follow the others. The Americans were about fifteen miles west of us, approaching ever nearer, and it seemed a great pity for us to be moving further away from them. But we reasoned that we could not be taken too far east or we would meet the Russians, and the guards would rather be in the claws of the devil himself than in the clutches of the 'Russkies.'[29]

These guards were very good to us. The officer whose character I had given in the letter had left a month before this - I expect he feared for his own safety. There was not a man in the camp who would not have taken a gun to him at the first opportunity.

After three day's walking, we came to a town and we stayed that night and the next day in a factory on the outskirts. That evening we were told that we were going no further; that the army in the town were not going to resist

agus bha na Yanks mu mhìle air an taobh a-muigh. Ach goirid na dhèidh seo thàinig feachd mòr SS a-staigh agus thòisich iad air deisealachadh gus am baile a dhìon.

Thuirt na geàird - 's e deichnear dhiubh a bha còmhla rinn - gu feumamaid falbh - nach robh cinnt sam bith dè dhèanadh an SS - agus bha sinne air an rathad a-rithist. Bha an còmhlan a' sìor fhàs mòr, baidean is baidean a' tachairt oirnn 's a' fuireach còmhla rinn. Bha gach seòrsa nàisein ann: Frangaich, Beilseanaich, Pòlaich, Eadailtich is Ruiseanaich - prìosanaich uile roimhe seo ach a-nis a' ruith leis an t-sruth, gach aon a' leantainn a chèile. Bha crìochan dhùthchannan air am putadh an dàrna taobh is bha gach pearsa mar aon teaghlach - Ruiseanach, Breatannach no Eadailteach. Cha robh anns gach fear ach ball dhen chinne-daonnda a' co-phàirteachadh anns an aon driod-fhortan. 'S e eadhan an aon chànan a bh' againn ri chèile ged a b' e a' Ghearmailt fhèin i.

Bha sinn an oidhche sin ann an taigh tuathanaich mu chòig mìle 'n ear air a' bhaile às na dh'fhalbh sinn. Bha tancaichean is carbadan-iarainn a' tighinn seachad, air am fuadach air n-ais aig an arm a bha a' brùchdadh air am muin. Cha robh sa chuid mhòr dhiubh ach balaich òga mu sheachd bliadhn' deug agus bha iad claoidhte le sgìths is cion cadail. Ged bu Ghearmailteach fhèin iad, bha truas againn riutha, ach aig an aon àm nuair a smaoinicheamaid air Pòland, air an Fhraing 's air an Olaind is gach dùthaich Eòrpach eile a stamp iad fhèin fon casan, chanamaid, "Is math an airidh."

Mun tàinig a' mhadainn bha sligean na Yanks a' spreadhadh air gach taobh dhinn.

Thàinig rèiseamaid thancaichean Gearmailteach a-staigh far an robh sinn agus b' fheudar sinne a thoirt air falbh a-rithist. Dà mhìle eile coiseachd 's chan fhaigheamaid na b' fhaide. Bha sinn cuartaichte: taigh tuathanachais eile, ach an gluasad mu dheireadh.

and the Yanks were about a mile outside. But shortly afterwards a large force of the SS came in and preparations were begun to defend the town.

Our guards (there were ten of them with us) said we must leave; there was no knowing what the SS might do. And so we were on the road again. Our numbers were ever increasing, group after group falling in with us and joining up with us. Every sort of nationality was there: French, Belgians, Poles, Italians and Russians; all prisoners before this but now going with the flow, each one following the other. National boundaries were set aside and we were all like one family, whether Russian, British or Italian. Each one was just a member of the human race, colleagues in the same misfortune. We all shared a common language, even though it was German.

That night we were in a farmhouse about five miles east of the town we had left. Tanks and armoured cars streamed past, driven back by the army which was overrunning them. Most of them were just young boys about seventeen, exhausted by fatigue and lack of sleep. Even though they were Germans, we felt sorry for them, but at the same time when we thought of Poland, of France, of Holland and of all the other European countries they had stamped under their boots, we said, "Serves them right."

Before morning came, American shells were bursting all round us.

A regiment of German tanks arrived where we were and so we had to be moved on again. Another two miles of walking and we could get no further. We were surrounded. Another farmhouse, but the last move.

14. Faighinn mu Sgaoil

Bha 'm biadh air fàs gann. Cha robh neach ach ga chuideachadh fhèin, na geàird Ghearmailteach cho math rinn fhìn.

"Feumaidh sinne ur lìbhrigeadh sàbhailte dha na h-Ameireaganaich," chanadh iad, "agus feuch gun cuir sibh a-staigh facal math air ar son." Bha seo furast' a dhèanamh, oir 's e geàird fìor ghasta bh' annta. Ach càit an robh oifigeach beag na litreach a-nis? Gheibheadh na Yanks a theisteanas nuair a thigeadh iad nan robh e còmhla rinn an seo. Càit an robh am fear bàn a chuir an siogarait ris a' bhus agamsa agus a chuir ann am paiseanadh mi le dòrn ann an toll na cluaise? Càit an robh fear mòr dubh na cuip rubair? Ach gu mì-fhortanach cha robh duine dhiubh seo, agus an fheadhainn a bh' ann, cha b' urrainn dhòmhsa no do dh'fhear eile droch fhacal a ràdh mun deidhinn.

Chunnaic sinn fiadh an iomall na coille os ar cionn. Thug fear dhe na geàird a-mach an raidhfil agus chuir e ri shùil i. Shuidhich e 'n t-astar mu thrì ceud meatair air an raidhfil. Leig e mach am peilear agus anns a' cheart mhionaid thuit am fiadh. Gun dàil sam bith bha e fhèin agus deichnear phrìosanach aig an fhiadh agus chuireadh crìoch cheart air. Fhuair e a' chiad pheilear sa cheann ach bha e fhathast beò. Shlaodadh a-nuas le ròp e, agus dh'fheannadh e, agus ann an cairteal na h-uarach bha an carcas gu lèir am broinn a' ghoileadair mhòir a bha suidhichte ri taobh an taighe agus teine lasrach fiodha fodha ga ghoil.

Bha liopan gan imlich ag èisteachd ri fuaim an fhèidh a' goil, agus bha gach fear a' faicinn na inntinn fhèin cnap de shitheann fèidh air a bheulaibh, nuair a thàinig fras de pheilearan machine-gun tarsainn os ar cionn.

Chuir iad teine às na creagan àrda bha mu choinneimh an taighe. Chaidh gach duine gu fasgadh. Chùm seo a' dol mu leth-uair agus an sin stad e. Nuair a thàinig am balbhadh seo, dh'èalaidh sinn a-mach, ach cha robh dad ri fhaicinn.

14. Liberation

Food was getting scarce. It was every man for himself, the German guards just as much as ourselves.

"We have to hand you over safely to the Americans," they would say, "and see that you put in a good word for us." That was easy enough to do, for they were fine men. But where was the little officer of the letter now? His character would have been read to the Yanks if he had been with us there. Where was the blond man who ground his cigarette into my cheek and knocked me unconscious with a fist in the ear? Where was the big dark man of the rubber whip? Unfortunately, none of them was present, and neither I nor anybody else could have said a bad word about those who were.

We saw a deer on the edge of the wood above us. One of the guards got out his rifle and raised it to take aim. He set the range at about three hundred metres. He fired the bullet and immediately the deer fell. Without delay, he and ten prisoners were on to it and it was finished off. It had been shot in the head but was still alive. It was dragged down by rope, skinned, and within a quarter of an hour the whole carcass was inside a great cauldron by the side of the house with a blazing wood fire underneath boiling it.

Lips were being licked as we listened to the sounds of the deer being cooked, with every man imagining a chunk of venison in front of him, when there was a burst of machine gun fire over our heads. The bullets struck sparks from the high rocks facing the house. Everyone dived for shelter. This went on for about half an hour and then stopped. When the lull came, we ventured out but there was nothing to be seen.

Bha mi fhìn is Beilsean nar seasamh faisg air a' gheata a bh' air beulaibh an taighe is an rathad mòr a' ruith a-nuas an taobh thall dheth. Stiùir am Beilsean a chorrag suas ris an rathad. "*Wer ist das?*" ars esan. Sheall mi fhìn. Bha carbad beag fosgailte a' gluasad gu socair, faiceallach a-nuas an rathad a dh'ionnsaigh an taighe. Cha robh ann ach aon duine. Bha e na sheasamh na bhroinn. Chan e carbad Gearmailteach a bha seo idir, agus a bharrachd air a sin chan e clogad no aodach-airm Gearmailteach a bh' air an t-saighdear.

"*Americana!*" ars' am Beilsean 's e ag èigheach. "The Yanks!" dh'eugh mise àirde mo chlaiginn. Bhrùchd ceithir fichead duine chun a' gheata, ach dh'èigh na geàird gabhail air ar socair, 's mun d' fhuair fear a' charbaid chun a' gheata bha dusan no còrr againne mach troimhe.

Bha an saighdear na sheasamh sa charbad agus tommy-gun aige cochte rinn.

"*Kamerad?*" ars esan.

Dh'eubh sinne gu dearbh gur h-e, gur e prìosanaich a bh' annainn.

"Not you but these other guys," ars esan.

"O tha iadsan gan toirt fhèin suas."

"Ma tha," ars esan, "iarraibh orra na h-airm a chur nan seasamh ris a' bhalla." Dh'inns sinne seo agus rinn na Gearmailtich mar a dh'iarr e agus gun mionaid dàil, bha airm nan Gearmailteach ann an làmhan phrìosanach agus bha mis' air fear dhiubh le raidhfil làn nam dhòrn. 'S mi bha gam fhaireachdainn fhìn làidir agus mi nam shaighdear armaichte.

Bha faisg air còig bliadhna bhon thàinig orm an raidhfil a leigeil sìos air an rathad mhòr aig St Valéry, còig bliadhna anns na dh'fhiosraich mi fìor ghràinne-mullaich na h-uaisle anns an nàdar dhaondach, ach air an làimh eile brùidealachd is fìor cheann-iseal na droch-bheairt ann an dèiligeadh mhic an duine ri a cho-chreutair. Còig bliadhna anns an robh an Roinn-Eòrpa an grèim ann an glamaradh iarainn, glas a bha a' sealltainn uaireannan neo-chomasach a bristeadh.

A Belgian and I were standing near the gate in front of the house, with the main road running on the other side of it. The Belgian pointed his finger up the road.

"*Wer ist das?*" (Who is that?) he asked.

I looked. There was a little open car moving slowly and carefully down the road towards the house. It had only one man in it. He was standing inside it. This was not a German vehicle and, in addition, the soldier's helmet and uniform were not German.

"*Americana!*" shouted the Belgian, "The Yanks!" I yelled at the top of my voice. Eighty men rushed down to the gate with the guards shouting at us to slow down. Before the man in the car reached the gate, a dozen or more of us were outside it.

The soldier was standing in the jeep with a cocked tommy-gun trained on us.

"*Kamerad?*" said he.[30]

We shouted that we certainly were; we were prisoners of war.

"Not you but these other guys," he responded.

"They are surrendering."

"If they are," he said, "tell them to stack their weapons by the wall." We translated this and the Germans did as he ordered. Without a moment's delay, the guards' weapons were in the prisoners' hands, and I was one of those with a loaded rifle in my grasp. It made me feel really powerful to be an armed soldier again.

It was nearly five years since I had had to lay down my rifle at St Valéry: five years in which I had experienced the epitome of the noblest of human nature but also brutality and the lowest depths of evil in man's mistreatment of his fellow-creatures. Five years in which Europe had been locked in a vice of steel, a grip which at times seemed impossible to break.

Bha na cumhachdan deamhnaidh a chùm dùthchannan bochda fad bhliadhnachan fo chuing thràilleil a' call an neart 's am brìgh, ach fhathast cha tug iad suas. Ged a bha an ciontan na bu truime na ciontan eile riamh a dhubh ainm a' chinne-daonnda, cha ghèilleadh iad agus feachdan a' cheartais aig an dorsan. Bha prìomh-chraobh cumhachdan an dorchadais, a thog a ceann ann am meadhan na Roinn-Eòrpa, ri spìonadh glan às a' bhun mun seacadh gach meanglan a bha a' tarraing sùgh bhuaipe.

Bha mise nis a' dol a chur na Gearmailt air a beul foidhpe - ar leam fhìn - agus gunna nam làimh! Bha naoinear eile còmh' rium a' faireachdainn nan aon ghluasadan-inntinn agus iad fhèin fon armaibh le gunnachan is peilearan Gearmailteach. Ach thugadh an aire do dh'fhear dubh dhe na geàird ga phutadh fhèin a-mach tron dùmhladas sluaigh a bh' ann a dh'ionnsaigh a' charbaid agus e a' cur a làimhe gu cùl a' chrios leathair a bha mu mheadhan. Mum priobadh tu do shùil, bha e ann an grèim aig triùir no ceathrar agus an daga bh' anns an truaill air a chùlaibh air a thoirt às. Chaidh a lìbhrigeadh suas dhan Ameireaganach gun dag, gun chrios, gun seacaid.

Bha mòran cheist gan cur air a' Yank. Càit an robh càch? An robh iad fada bhuainn? 'S an robh smoc aige, no robh teòclaid aige? Bha roinn dhen dà ghoireas sin aige agus thilg e mach pacaidean siogaraits is teòclaid thugainn. Ach, nàdarra gu leòr, cha robh aige na riaraicheadh còrr is ceithir fichead duine. Bha mise ri taobh a' charbaid agus thug mi aon siogarait à pacaid agus riaraich mi 'n còrr. Dh'iarr mi autograph air a' Yank agus thug e sin dhomh agus do dh'fhear no dithis eile. Bha leabhar-pàighidh an airm fhathast nam phòca, agus 's ann air duilleig fhalamh dheth a sgrìobh e ainm 's a sheòladh - ann an New York City. Tha 'n duilleag sin agam fhathast glèidhte gu cùramach a-staigh.

Bha esan cho moiteil 's cho àrd-inntinneach rinn fhìn, agus e air còrr is ceithir fichead prìosanach a shaoradh leis fhèin à làmhan na nàmhaid. Loidhnig e suas na Gearmailtich air an rathad agus chùm e fhèin às an dèidh air n-ais gu far an robh a luchd-dùthcha fhèin mu

The satanic powers which had kept poor countries in a yoke of slavery for years were losing their strength and force, but they had not yet surrendered. Though their sins were graver than any previous crimes which had blackened the name of mankind, they would not yield even though the forces of justice were at their doors. The main stem of the powers of darkness which had flourished in the centre of Europe had to be torn up by the roots before every branch that drew nourishment from it would wither.

By my way of it, now I had a gun in my hand, I was going to spreadeagle Germany face down. There were another nine with me experiencing the same emotions now that they had German guns and bullets. But then one of the guards was noticed, pushing through the mob of men to the jeep, putting his hand at the back of the leather belt about his middle. In the twinkling of an eye he had been grabbed by three or four and the pistol in the holster at his back had been removed. He was handed over to the American without pistol or belt or jacket.

There were many questions being put to the Yank. Where were the others? Were they far away from us? Did he have any smokes or chocolate? He did have some of those two luxuries and he threw out some packets of cigarettes and chocolate. But, understandably, he did not have enough to satisfy more than eighty men. I was beside the jeep and I took one cigarette from a packet and shared out the rest. I asked the Yank for an autograph and he gave it to me and to one or two others. I still had my army pay-book in my pocket and he wrote on a blank page his name and address in New York City. I still have that page carefully preserved.[31]

He was so proud - and just as excited as ourselves - at having single-handedly liberated over eighty prisoners from enemy hands. He lined the Germans up on the road and he himself followed behind them back to where his compatriots were -

chairteal a' mhìle suas an rathad. Dh'iarr e òirnne leantail air a' chùl mar a thogramaid. Cha bu ruith ach leum leinne sin a dhèanamh.

Thachair tuilleadh Yanks rinn air an rathad agus bha gach fear a' faighneachd an robh na Gearmailtich seo dona dhuinn - ma bha, gun dèiligeadh iadsan riutha. Ach cha b' urrainn dhuinne a ràdh gu robh. Thug iad leotha na geàird 's chan fhaca sinne tuilleadh iad.

about a quarter of a mile up the road. He invited us to follow along after them as we wished. We were only too eager to do that. We met more Americans on the way and each one asked if these Germans had mistreated us for, if so, they would deal with them. But we could not say that they had. The guards were taken away and we did not see them again.

15. Saorsa

Bha biadh is smoc gu leòr aig na Yanks. 'S e annas mòr a bh' anns an aran gheal agus ar leam nach fhaca mi riamh na bu ghile. Chaidh campa Ruiseanach a shaoradh anns an aon latha agus mar sin bha mòran bheul rim biathadh. Cha robh na Ruiseanaich idir cho fortanach rinne, oir cha robh an dùthaich acasan idir a-staigh fo lagh eadar-nàiseanta is mar sin cha robh a' Chrois Dhearg a' gabhail turas riutha. Bha iad gun bhiadh ach na gheibheadh iad o na Gearmailtich is aig an aon àm a' fulang droch ghiullachd bho làmhan an nàimhdean. Bha seo gu ìre mhòir na reusan gun do thionndaidh iad air na Gearmailtich mar chait-fhiadhaich nuair a shaoradh iad, agus b' fheudar dha na h-Ameireaganaich sinne a chur nar poileasmain a' dìon sluagh an àite - mnathan is clann gu leòr dhiubh - air dìoladh-fiach nan Ruiseanach.

Choisicheadh iad sìos an t-sràid le cabair mhòr bhataichean 's cha robh uinneag bùtha no taighe ga fàgail slàn. Fear no tè a bha romhpa, bha iad an cunnart am beatha. B' fheudar do chòignear againn a dhol a-staigh do bhùthaidh aon latha agus dà Ruiseanach a' tachdadh na h-ighinn òig a bh' air cùl a' chuntair.

Shaor na Yanks an camp' aca mar gum biodh an-diugh. A-màireach chaidh iadsan sìos dhan mhèinn mar a b' àbhaist agus chroch iad na stèigerean uile is gach fear eile nach d' fhuair teicheadh às. Stiall iad a-nuas bratach mhòr air an robh dealbh Hitler ann am meudachd-beatha is cha do dh'fhàg iad iall an tàth a chèile dhith. Bha iad eadhan an sàs innte lem fiaclan.

Bha sinn còig latha deug an seo còmhla ris na Yanks agus cha robh dìth bìdh no smoc òirnn.

Bha mi fhìn agus gill' Obair Dheathaineach latha nar suidhe air cnoc os cionn baile beag a bha rir taobh. Thàinig dithis chloinne - gill' is nighean - far an robh sinn agus thug sinn dhaibh teòclaid. Cha robh latha tuilleadh nach tigeadh iad a dh'iarraidh bàraichean teòclaid eile. Dh'fhaighneachd sinn dhaibh aon latha an robh deoch sam bith a-staigh aca - ma bha, iad a thoirt a-nuas botal thugainn an ath latha.

15. Freedom

The Yanks had plenty of food and smokes. White bread was a great treat and it seemed to me I had never seen any whiter. A Russian camp had been liberated that same day, so there were a lot of mouths to feed. The Russians had not been as fortunate as we, for their country was not party to international conventions and therefore the Red Cross had no responsibility for them. They had only the food that they received from the Germans and at the same time they had suffered cruel treatment at the hands of the enemy. To a great degree this was the main reason that, when liberated, they turned on the Germans like wildcats. The Americans had to use us as policemen to protect the local people - many of them women and children - from the Russians wreaking revenge.

They would walk down the streets with great wooden poles and leave not a window in house or shop unbroken. Any man or woman they met was in mortal danger. One day five of us had to burst into a shop where two Russians were trying to strangle the young girl behind the counter.

The Yanks had liberated their camp on the one day. Next morning they went down the mine as usual and hanged all the Steigers and anyone else that had not had a chance to flee. They tore down a banner with a life-size portrait of Hitler and left not a shred of it intact. They even ripped at it with their teeth.

We spent a fortnight with the Yanks and we had no shortage of food or smokes.

A boy from Aberdeen and I were sitting one day on a hill above a nearby village. Two children - a boy and girl - came to us and we gave them chocolate. They would then come every day for more bars. We asked them one day whether they had any drink at home and, if so, to bring some the next day.

Thill iad feasgar. "Tha ar màthair ag ràdh, ma tha deoch a dhìth oirbh, sib' fhèin a dhol sìos ga h-iarraidh," ars an nighean. Glè cheart: dh'fhalbh sinn còmhla riutha 's ràinig sinn an taigh. Cha robh ann ach am màthair - bhiodh i mu dheich bliadhna fichead - agus seann bhodach ann an leabaidh anns a' cheann eile. 'S e boireannach fior ghast' a bh' innte agus chuir i truinnsearan is spàinean is sgeinean air bòrd is bha dùil againn gu robh cuirm mhòr gu bhith againn. Ach cha tàinig chun a' bhùird ach slis thana no dhà de dh'aran dubh seagail is bideag bheag de shosaids agus cupa de chofaidh dhuibh a chaidh a dhèanamh air cnothan an daraich. Chuir i na bh' aice staigh nar tairgse, cho beag 's gu robh e. Thug i an sin a-nuas botal de stuth geal air dath an uisge. Cha robh brìgh an stuth a bh' ann cho math ri iomadh uisg' a dh'òl mise agus mar sin dh'fhàg sinn aic' e. Ach thill sinn a-rithist am feasgar sin le eallach de chrogain feòla is bainne agus teòclaid dhan fheadhainn bheaga - agus cha do dhìochuimhnich sinn idir am bodach. Thug sinn thuige còig pacaidean de thombaca Gearmailteach a spùill sinn à stòr airm Gearmailteach. Bha feust anns an taigh bheag an oidhch' ud nach robh a leithid ann an an aon taigh eile anns an dùthaich.

Thigeadh an tè bheag a-staigh le ruaiseadh, thogadh i suas a làmh 's dh'èigheadh i "*Heil Hitler!*"

Leumadh a màthair thuice 's chrathadh i i: "Chan eil math dhut a bhith ag ràdh sin tuilleadh." Cha robh fios aig an tè bhig gu dè ciall nam faclan no idir carson nach fhaodadh i an labhairt tuilleadh, ach bha deagh fhìos aig a màthair. Ged a bha Hitler fhathast gun toirt suas, 's e dùthaich bho thaobh eil' an t-saoghail a bha nis a' riaghladh a' bhaile-dachaigh aicese agus, air rèir mar a labhair i fhèin rinn, mura biodh cùisean na b' fheàrr, cha robh dòigh gum b' urrainn dhaibh a bhith dad na bu mhiosa.

Bhiodh cèilidhean mòr againn còmhla ris na Pòlaich. Bha iadsan fhathast anns a' champa anns an robh iad ag obair nuair a shaoradh iad ach, coltach rinn fhìn, a-nis air an cumail suas leis na h-Ameireaganaich. Bha seòrsa de dheoch aca a rinn iad fhèin air rùsgan buntàta 's air stuthan eile, ach bha i fior

They returned in the afternoon.

"Our mother says, if you want a drink, you will have to go for it yourselves," said the girl.

Very well: we accompanied them and reached the house. There was only their mother, who was about thirty, and an old man in bed in the other end of the house. She was a really nice woman and she set plates and knives and spoons on the table, so that we expected a great feast. But all that came to the table was a thin slice or two of black rye bread with a small piece of sausage and black coffee made from acorns. She offered us all the food she had, however little it was.

She brought down a bottle of pale stuff as clear as water. The liquor was hardly as strong as many a water I have drunk, and so we left it to her. But we came back again that evening with a load of tins of meat and milk and chocolate for the little ones - not forgetting the old man. We brought him five packets of German tobacco we had looted from an army store. The feast in that little house that evening had not its like in any house in the land.

The little girl would rush in, lifting her arm and shouting, "*Heil Hitler.*" Her mother leapt at her and shook her.

"You mustn't say that any more!" The little one had no idea what the words meant or why she should not say them any more, but her mother knew very well. Although Hitler had still not surrendered, it was another country from the other side of the world which now ruled her home town and, according to what she said to us, if things did not improve there was no way that they could be any worse.

We would have great ceilidhs along with the Poles. They were still in the camp where they had worked till liberation but, like ourselves, they were now supported by the Americans. They had a kind of alcohol they had made from potato peelings and other ingredients, but it was really làidir agus bhiodh seiseanan-òil gu math trom againn. Bha aon Ameireaganach còmhla rium fhìn agus ris an Obair-Dheathanach agus chuir sinn cuairt air a' bhaile bheag leis an toiseach a' coimhead airson deoch mun tug sinn gu taigh-òsta nam Pòlach e. 'S e 'Yankie Doodle' a bh' againn air. Bhiodh Yankie Doodle a' falbh agus an raidhfil crochte ri ghualainn is an clogad-cruadhach mu cheann, agus cha toireadh e nuas cuid seach cuid dhiubh. Bha e aon oidhche còmhla rinn a' cèilidh air na Pòlaich is cha robh mi ann an leithid de chèilidh eile riamh. Chaidh òrain Phòlach is Ameireaganach, Bheurla is Ghàidhlig is Ruiseanach a sheinn is chaidh slàinte gach dùthaich fon ghrèin òl - ach a' Ghearmailt a-mhain! Air rèir 's mar a dh'innseadh dhòmhsa rithist, 's e dà Phòlach a chuir an triùir againne air n-ais chun a' champa againn fhìn, ach nuair a dhùisg mise sa mhadainn, bha Yankie Doodle na shìneadh air mo chùlaibh agus an raidhfil 's an clogad-cruadhach fhathast gun chur dheth - agus e na shuain chadail!

Bha saorsa na dòigh-beatha buileach annasach dhuinne. Bha e doirbh a chreidsinn 's a thuigsinn gu faodamaid falbh mar a thogramaid uair sam bith do dh'àite sam bith ach gun a dhol ro fhad' air falbh. Bha sinn fo chùram nan Ameireaganach, agus ged nach robh iad nan geàird oirnn anns an aon seagh anns an robh na Gearmailtich, bha ughdarras aca thairis òirnn mar uachdarain-airm, agus gu dearbh cha robh sinne a' cur an aghaidh dad dhe sin.

Bhiomaid a-mach 's a-staigh do thaighean nan Gearmailteach fhèin tric. Cha robh air fhàgail aig na taighean ach boireannaich is clann is fìor sheann daoine, ach bha iad sin uile cho taingeil rinn fhìn gu robh an cogadh gus a bhith seachad. Bha iad uile ann an droch staid. Cha robh biadh ann 's cha robh airgead no obair ann. An fheadhainn aig an robh beagan airgid, bha e gun fheum dhaibh 's gun dad ann a cheannaicheadh iad leis.

Dh'aidicheadh iad fhèin nach do rinn Riaghaltas nan Nazis ach an dùthaich a sgrios; gu robh gainne air an t-sluagh choitcheann eadhan mun do thòisich an cogadh idir, nuair a bha gach goireas a b' fheàrr ga strong and we had some very heavy drinking sessions. There was one American with the Aberdonian and myself and we made a tour of the village with him in search of drink before taking him to the Polish drinking den. We used to call him 'Yankee Doodle'.

Yankee Doodle would go around with his rifle on his shoulder and his steel helmet on his head and could not be parted from either one. He visited the Poles with us one night and I was never at such a ceilidh. Songs were sung in Polish, American, Gaelic, English and Russian, and toasts were drunk to every country under the sun - except for Germany alone!

According to what I was told later, the three of us were escorted back to our own camp by two Poles. At any rate, when I woke in the morning, Yankee Doodle was lying behind me sound asleep - but still clad in his steel helmet and rifle!

Freedom was a very novel way of life for us. It was difficult to believe or comprehend that we could go as we liked at any time to any place that was not too far away. We were under the care of the Americans and so, although they were not our guards in the way the Germans had been, they had authority over us as our military superiors, and certainly we had no objection to any of that.

We were often in and out of German houses. The only people left were women and children and the very old, but they were all as grateful as we were that the war was nearly over. They were all in a bad way. They had no food or money, or work and even those who had a little money found it useless, for there was nothing to buy with it. They themselves would admit that Nazi rule had only ruined the country; that the common people had suffered shortages before the war had even started, when all the best went to

chumail ris an arm - mar a dh'fhoillsicheas ràdh-suaicheantais nan
Nazi gu soilleir: "Gunnachan ro ìm."

An dèidh seachdain a chur seachad an seo, chaidh na bha nar
measg de Bhreatannaich agus de Chanèidianaich a thoirt gu baile
Magdeburg, far an robh sinn ris na plèanaichean fhaighinn a bha
gus ar giùlain a-nall a Shasainn.

'S ann an seo a chuala sinn an toiseach bho na Yanks mu
dheidhinn nan campaichean-brùidealachd sin mar a bha Belsen
is Buchenwald is Auschwitz. 'S e feadhainn dhiubh seo a shaor
campa Buchenwald, agus bha e doirbh a chreidsinn gu robh an
aisneis a thug iad dhuinn air fìor. Chunnaic mise feadhainn à
campa Buchenwald bliadhna neo dhà roimhe sin ann an Erfurt, far
an robh iad ag obair anns an stèisean ann fo gheàrd, 's cha robh an
coltas dad na bu mhiosa na duine againn fhìn. Ach air rèir choltais,
's e feadhainn air a' chiad sheachdain no dhà ann a chunnaic mise
no feadhainn a bha gu math a-staigh air a' chrùn. Ach aig an aon
àm chunnaic mi fear no dithis dhiubh a' faighinn brosnachadh goirt
le stoc an raidhfil.

Tha eachdraidh nan campaichean oillteil sin fiosraichte dhan
t-saoghal gu lèir fada ron diugh. Ach aig an àm ud, air ùr-chluin-
ntinn bho na dearbh dhaoine a shaor Buchenwald, bha an aisneis gu
ìre mhòir do-chreidsinneach dhuinne - agus, faodaidh mi ràdh le
cinnt, do roinn mhòr de shluagh cumanta na Gearmailt fhèin. Bha
fios aca gu robh a leithid seo de champaichean ann airson
prìosanaich poiliticeach, ach cha chuala a' mhòr-chuid dhen luchd-
obrach a bha sinne ann an dlùth-chomann riutha iomradh riamh air
na seòmraichean-gas far an deach còrr is sia millean Iùdhach a
chur gu bàs.

'S ann a-nis a thuig mise gu soilleir an seòrsa dùthcha anns a
robh còig bliadhna dhem shaoghal air a dhol seachad, agus tha mi
gam chunntais fhìn fortanach nach robh am fiosrachadh seo agam
fad na h-ùine a bha sin. Nam bitheadh, 's dòcha nach robh mi air
a bhith cho dàna 's cho dalma iomadh uair gus dearg-aghaidh a
thoirt air feadhainn nach b' aithne dhomh.

the army - as was evident from the Nazi slogan, "Guns before butter."

After passing a week there, the British and Canadians amongst us were taken to the town of Magdeburg, where we were to find the planes which would carry us back to England. It was here that we first heard from the Yanks about the brutal camps like Belsen, Buchenwald and Auschwitz. It was some of them who had liberated Buchenwald and it was difficult to believe that the dramatic accounts they gave us were true. I had seen inmates from Buchenwald a year or two before working under guard in the station at Erfurt. They looked no worse than any of ourselves, but apparently the ones I saw were either in their first couple of weeks or were some who were in favour. At the same time I did see one or two of them receiving some painful exhortation from rifle butts.

The history of those evil camps has been known to the entire world long before today. But at that time, newly heard from the very men who had liberated Buchenwald, the tale seemed unbelievable to us and, I can say with certainty, to a large proportion of the ordinary German people. They knew there were some such camps for political prisoners, but the majority of the workforce that we came into close contact with had not heard anything of the gas-chambers where more than six million Jews were put to death. It was only now that I understood clearly the sort of country in which I had passed five years of my life, and I counted myself fortunate not to have had that knowledge all the time. If I had, I might not have been so impudent and bold in many confrontations with people I did not know.

Bha fios 'am le cinnt a-nis, nam biodh gnothach na litreach air tachairt bliadhna no dhà roimhe seo nuair a bha an Roinn-Eòrpa gu lèir glaist' ann an glamaradh iarainn nan Nazis, gum biodh mo bheatha-sa ann an geall na b' fhiach i. Bha iomadh dòigh aig a' bhàs air do bhualadh san dùthaich ud anns na làithean ud, agus sin gu h-àraid ma bha thu ann an Straflager, far am bithinn-sa gun aon teagamh air rèir a' chiont' a bha nam aghaidh. Bha mòran de dh'ainmeannan leòmach air 'murt' anns na campaichean ud, agus a bharrachd air a sin cha b' ann do leithid Straflager Masbach a rachainn air an turas seo idir.

I now realised for certain that, if the business with the letter had happened a year or two earlier, when the whole of Europe was locked in the iron grip of the Nazis, my life would have been at stake. There were many ways in which death could strike you in that country in those days, especially if you were in a Straflager - as I would undoubtedly have been according to the charges I was facing. There were many fancy names for murder in those camps and, apart from that, it would not have been to the likes of Masbach Straflager that I would have been sent on that occasion.

16. An t-Slighe Air Ais

Bha sinn còrr is seachdain ann am port-adhair Magdeburg, a' cadal am broinn taighean mòra nam plèanaichean. Bha sinn a-nis dealaichte bho gach nàisean eile; cha robh againn ann ach Breatannaich is Canèidianaich. Tha cuimhn' agam air duilgheadas nam Pòlach nuair a bha sinn gam fàgail.

"Tha sibhse fortanach," thuirt iad, "tha dùthaich agaibh gar feitheamh gus a dhol air n-ais innte, ach tha sinne gun dùthaich, gun taighean." Bha seo fìor. Bha gu leòr dhiubh agus gun luchd-gaoil ann gus am fàilteachadh air n-ais is cha robh fios aca dè bha romhpa ged a rachadh iad air n-ais. Bha na Ruiseanaich nan dùthaich-san a-nis agus, air an rèir fhèin, cha robh iad dad na b' fheàrr na na Gearmailtich.

Cha b' iadsan a-mhàin a bh' anns an t-suidheachadh seo idir. Bha a mhòr-chuid de dhùthchannan taobh an ear na h-Eòrpa anns an staid cheudna, ged nach robh an suidheachadh cho buileach dona ris na Pòlaich.

Chaidh ar roinn nar buidhnean - còig duine fichead anns gach buidheann. Chaidh gach buidheann àireamh bhon fhigear aon suas agus 's ann am buidheann a deich a bha mise. Bha seo a' ciallachadh gur e an deicheamh plèan a bheireadh leatha a' bhuidheann againne. Bha lathaichean nach tigeadh ach aon phlèan agus lathaichean eile nach tigeadh gin idir, oir bha iad ag aiseig à àiteachan eile agus, a bharrachd air a sin, bha an cogadh a' dol gu làidir fhathast.

Bha sinn a' measgadh ri gu leòr dhen t-sluagh ann an seo - muinntir na dùthcha - agus bhiodh e freagarrach gun cuirinn sìos na beachdan a bh' aca nuair a chuireamaid ceistean orra mu dheidhinn mar a thionndaidh cùisean a-mach. Bha a' chuid bu mhotha dhiubh, gu ìre glè bheag, dhen bheachd gu robh làn-chòir aig Hitler a bhith air toirt suas nuair a chaidh an nàmhaid tarsainn na h-abhainn Rhine, mun do thòisich na Ruiseanaich air a' phutadh mhòr a thug tarsainn Phòland gu Berlin iad. Nan robh e air sin a dhèanamh, cha bhiodh an sgrios cho trom air an dùthaich no idir air beatha sluaigh.

16. The Way Home

We spent more than a week at Magdeburg aerodrome, sleeping in the aircraft hangars. We had now been separated from all the other nationalities, there being only British and Canadians in our group. I remember how sad the Poles were when we left.

"You are lucky," they said, "you have a country awaiting your return, but we are stateless and homeless." This was true. Many of them had no loved ones there to welcome them back and they knew not what awaited them if they did return. The Russians were in their country now and, according to the Poles, were no better than the Germans.

They were not the only ones in this situation. Most of the countries of Eastern Europe were in the same state, although their situation was not quite as bleak as that of the Poles.

We were divided into groups - twenty-five men in each. Each group was numbered from one upwards and I was in Group 10. That meant that our group would travel in the tenth plane. There were days when only one plane would arrive and some days none at all, for they were ferrying from other places, and besides, the war was still going on.

We were mixing with plenty of the people here, the ordinary folk of the country, and it would be appropriate to record their opinions when we asked them about how things had turned out. Nearly all of them thought that Hitler should definitely have surrendered when the enemy crossed the river Rhine - before the Russians started the great push which took them across Poland to Berlin. If he had done that, there would not have been such great destruction of the country or of people's lives.[32]

145

Bha iadsan ag aideachadh gu robh e soilleir do neach sam bith gu robh an cogadh caillte nuair a chuir an nàmhaid cas air fonn na Gearmailt.

Bha fios aigesan cuideachd air, thuirt iad, ach bhon a bha a thuiteam-san soilleir dha fhèin, bheireadh e an dùthaich sìos leis. Thuirt barrachd is aon duine dhiubh rium gum bu mhòr an call nach deach crìoch a chur air anns an ionnsaigh a thugadh air anns an Iuchar a' bhliadhna roimhe sin.

"Is nach e sib' fhèin a chuir a-staigh e?" arsa mise ri barrachd is aon duine dhiubh.

"Fhuair e a' mhòr-chuid de bhòtaichean na ceàrnaidh a bha seo," arsa fear rium, "ach gu dearbh cha do bhòt mise staigh e."

Cha do dh'aidich aon Ghearmailteach dhòmhsa gun do bhòt e le Hitler no leis a' Phartaidh ann an 1933 ach 's e mo mhòr-bheachd gur ann air an còt' atharrachadh a bha iad anns an dusan bliadhna bhon àm sin.

Thàinig am plèan againne mu dheireadh air madainn Didòmhnaich mu naoi uairean sa mhadainn. Nuair a dh'eughadh a-mach an deicheamh buidheann, cha do dh'fhan an dàrna leth againn ri còta no abharsac no bonaid ach leum a-mach thuice mar a bha sinn, ach gun do dhinn mise ràsar is siabann is bruis nam phòca. Bha trì plèanaichean a' fàgail a' mhadainn ud agus bha othail mhòr mun phort-adhair - oir b' e seo a' chiad uair de roinn mhòr dhe na gillean a bhith air turas-adhair ann am plèan.

Cha robh mise mi fhìn riamh roimhe seo ann am broinn plèan, eadhan air an talamh. Ach bha sinn air barrachd mòr de thachartasan cumanta beatha choileanta sam bith fhiosrachadh ann an iomlaid còig bliadhna dhe ar saoghal, agus cha robh ann an siubhal-speur dhuinn ach tachartas ùr annasach eile a bha do-sheachanta ann an crochadh ris an t-seòl-beatha a bh' againn fad na h-ùine bha sin. Mar sin bha sinn a' sealltainn air an turas a bha romhainn mar cheum ùr thar crìochan neo-aithnichte - ceart mar a shealladh Scott air a thuras a dh'ionnsaigh a' Phòl-a-Tuath, no 's dòcha Columbus air a thuras-cuain tarsainn na h-Atlantic.

146

They admitted it had been obvious to anyone that the war was lost once the enemy had set foot on German soil. He knew it as well, they said, but as his own fall was obvious to him, he determined to take the country down with him. More than one said to me that it was a great pity that he had not been finished off in the attempt on his life in July the year before.

"But it was yourselves that elected him," I said to more than one of them.

"He got the majority of the votes in this area," said one man, "but I certainly did not vote for him."

Not one German would admit to me that he had voted for Hitler or his Party in 1933, but it was my considered opinion that many of them had turned their coats in the twelve years since then.

Our plane arrived at last on a Sunday morning at about nine o'clock. When Group 10 were called for, half of us did not wait to pick up coats or haversacks or berets but ran across to the plane as we were, except that I stuffed razor, soap and brush in my pockets. Three planes were departing that day and there was great excitement round the aerodrome, for this was the first time that many of the boys had been on a flight in a plane.

I myself had never before been inside a plane - even on the ground. But we had experienced more than the events of a complete ordinary lifetime in a five year period of our lives, and so flying to us was just another novel, strange experience that was an inevitable consequence of our way of life during that time. Thus we looked on the journey before us as a fresh leap into the unknown, just as Scott must have regarded his journey to the North Pole or Columbus his voyage across the Atlantic.

Dh'èirich am plèan bhon talamh leis an nuallan àbhaisteach agus cha b' fhada gus an robh i a' sìneadh a-mach gu socair agus a cùrsa dhan àird an iar. Bha a' mhadainn air leth àlainn, agus bha i na bu bhòidhche buileach dhuinne agus sinn a' fàgail dùthaich nan iomadh cruaidh-chàs air ar cùl agus a' siubhal aig trì cheud mìle san uair air an t-slighe air n-ais gu dùthaich ar n-àraich.

Sheall am pìleat an abhainn Rhine dhuinn, an abhainn air na sheòl mise anns a' bhàirdse ann an 1940. Bha am pìos dhith a bha gu h-ìseal fodhainn an-dràsta gu math na b'fhaide deas na am pìos dhi air na sheòl mise, oir chitheamaid gu soilleir baile Cologne agus, air rèir choltais, gun chlach air muin a chèile dheth ach ballachan agus stìopall na h-Eaglais mhòir a-mhàin. A' tighinn tarsainn crìoch na Frainge ruith am plèan a-staigh do stoirm-shneachda 's cha robh sinn ach mar bhàta ann an droch mhuir. Chaidh am pìleat gu àirde còig mìle fichead troigh gus faighinn os cionn an t-sneachda, ach bha 'n aimsir a cheart cho tuasaideach aig an àirde bha sin. Chrom e cho ìseal agus gu faiceamaid mullach nan craobhan air an luasgadh leis a' ghaoith agus gu ìre bhig a' suathadh ann an taobh ìseal na plèan. Ach fhathast bha 'n stoirm gun lasachadh agus am plèan tiugh le sneachda air an taobh a-muigh. Thàinig fosgladh beag agus thuirt e gun toireadh e nuas i air port-adhair Metz. Rinn e sin, agus bha na plèanaichean eile romhainn ann. Fhuair sinn biadh an seo agus chuir sinn seachad dà uair a thìde ann a' feitheamh ri feabhas sìde.

Bha mise ann am baile Metz roimhe seo, anns a' mhìos Ghiblinn 1940, mun deach ar n-aiseag gu cabhagach suas gu crìoch Bhelgium nuair a phut na Gearmailtich a-staigh dhan dùthaich a bha sin. Bha roinn de mhilleadh air a dhèanamh air a-nis, dìleab teine nan gunnachan, ach prìs bheag airson saorsa.

Dh'fhàg sinn Metz nuair a thionndaidh an latha na b' fheàrr agus letheach tarsainn na Frainge bha latha soilleir grianach againn. Bha an abhainn Seine a-nis gu h-ìseal fodhainn mar nathair mhòir airgeadaich ann an soillse na grèine, gus mu dheireadh an do leudaich i cho mòr agus gun deach i na muir. Bha sinn os cionn Le Havre, am baile-puirt

The plane left the ground with its usual roar and before long was accelerating smoothly on its course to the west. It was a beautiful morning - especially lovely for us as we left the country of so many hardships behind and sped at three hundred miles per hour on our back to our home country.

The pilot showed us the river Rhine, the river on which I had sailed in the barge in 1940. The section below us now was much farther south than the bit on which I had sailed, for we could see Cologne quite clearly, apparently with hardly a stone left standing except for the walls and spires of the Cathedral. Crossing the border into France, the plane ran into a snowstorm and we were tossed about like a ship in heavy seas. The pilot climbed to twenty-five thousand feet to try and get above the snow but the weather was just as turbulent at that height. He then descended so low that we could see the tops of the trees swaying in the wind and apparently almost touching the underside of the plane. But still the storm did not abate and the outside of the plane was thick with ice. Then we found a clear patch and he said he would land at Metz aerodrome. That he did and the other planes were there before us. We had a meal there and passed a couple of hours waiting for the weather to improve.[33]

I had been in Metz before in April 1940, before we were hurriedly transported to the Belgian border when the Germans invaded that country. It had been partly destroyed now - a legacy of the gunfire, but a small price to pay for freedom.

We left Metz when the weather improved and halfway across France we had a bright, sunny day. The river Seine lay below us like a great silver serpent in the sunshine until eventually it broadened so much it that it became the sea. We were above Le Havre, the port

149

sin anns an deach mis' air tìr anns a' chiad mhìos dhen bhliadhna
1940, tur aineolach ann an dòighean tuasaideach an t-saoghail. Ach
a-nis, còig bliadhna air adhart, bha mi fiosrach agus foghlamaichte air
gach seòrsa gnè uilc is mì-dhaondachd a thèid aig inntinn is cridhe
duine ùisneachadh an àm grunnachadh tro fhuil a cho-chreutairean gu
inbhidh àird anns an t-saoghal seo.

Bha e ochd uairean feasgar, aon uair deug bhon a dh'fhàg sinn
Magdeburg. Bha sinn a-nis ann an Le Havre agus gun eadar sinn
is Sasainn ach Caolas na Frainge. Ach cha robh aon duine 'n seo
an turas seo gus ar bacadh faighinn tarsainn a' Chaolais sin mar a
thachair an turas mu dheireadh a bha sinn ann. 'S ann a bha gach
duine a bh' ann a' dèanamh an dìcheall gus ar faighinn a-null leis
cho beag agus a ghabhadh dèanamh de mhaille. Cha robh am
plèan a thug às a' Ghearmailt sinn a' dol seach seo - bha i a' tilleadh
air n-ais dhan dùthaich sin. Nuair a dh'iarr sinn air a' phìleat
cumail tarsainn a' Chaolais mun do laigh e, "B' fheàrr leam," ars
esan, "gum faodainn sin a dhèanamh."

'S e plèanaichean eile a bha a' dol a-null à Sasainn gar
n-iarraidh agus cha robh dùil riutha gu chionn dhà no trì
lathaichean. Bha an ùine sin againn fhathast ri chur seachad ann
an Le Havre.

where I had landed in January 1940, totally innocent of the turbulent ways of the world. But now, five years on, I knew and had experienced every kind of evil and inhumanity that the mind and heart of man can deploy while wading through the blood of his fellow creatures to higher status in this world.

It was eight in the evening, eleven hours since we had left Magdeburg. We were now in Le Havre with nothing between us and England but the Channel. But this time there was not a single person trying to stop us from crossing the Channel as had happened the last time we were there. Rather was everyone doing their utmost to get us across with as little delay as possible. The plane which brought us from Germany was going no further but returning to that country. We asked the pilot to carry on across the Channel before landing.

"I wish," he replied, "that I was allowed to do that."

Other planes were coming to fetch us from England, but they were not expected for two days. We would have to while away that time still in Le Havre.

17. An Ceangal

An e cron a rinn na còig bliadhna a bh' air a dhol seachad air ar beatha, no a robh deagh bhuaidh sam bith aca òirnn? A' bruidhinn air mo shon fhìn, chanain nach do rinn e cron mòr sam bith - sgairte bho roinn de bhristeadh-slàinte. Air an làimh eile thional mi barrachd tuigse is eòlais is leudachadh inntinn anns an ùine sin agus a thrusainn ann an ceithir fichead bliadhna de bheatha rèidh chumanta.

Mar a thuirt mi ann an earrann eile dhen leabhar seo, dh'fhiosraich mi àrd-ghrinneas nàdar daonnda ann an cruaidh-chàs na h-èiginn. Dh'fhiosraich mi dlùth-chompanas agus gaol-ceartais ann an cridheachan a sheasadh gun an laigse a b' fhaoine ri dòrainn-chràidh, seadh agus eadhan ri bàs brùideil, air sgàth chompanach is dùthcha.

Air an làimh eile, fhuair mi eòlas air an dòimhneachd dhuibh dhan crom cridheachan is inntinnean cuid dhen t-sluagh nuair a dhìobras iad bàidh is tròcair Chrìosdail, gan ìsleachadh fhèin ann an cruth agus an gnìomhan co-ionnan ri dubh-ainglean an dorchadais.

Chan eil teagamh mar sin nach robh tomhas math de dheagh bhuaidh aig còig bliadhna fo sgàil a' Swastika ormsa. Ach, a dhaindeoin sin, nam bithinn an-diugh aig aois fichead bliadhna, gu dearbh chan iarrainn a dhol tron leithid a-rithist. Bidh mi uairean a' smaointinn, saoil an e sgrios a thàinig air an t-saoghal anns na bliadhnachan ud, ceart mar a bha tuil Nòah agus sgrios Sodom is Gomorrah?

'S e sgrios a bh' ann gun an teagamh is lugha agus sgrios anns na chaill muilleanan am beatha, ach co-dhiù bha a leithid òrdaicht' gus nach robh 's ann aig Dia Mòr fhèin tha brath. Canaidh mi uairean eile gur e am fear-milidh fhèin a fhuair buileach mu sgaoil agus a bha a' riaghladh agus a' stiùireadh beairt-chogaidh na h-Eòrpa Mheadhanaich.

Aon nì a tha cinnteach - 's e sin gur e cumhachdan uilc is ana-ceartais a bh' ann agus gun do bhuadhaich cumhachdan

17. Epilogue

Had the five years just passed been harmful to our lives, or did they have any positive aspects? Speaking for myself, I would say that I had not suffered any great harm, except for a measure of ill-health. On the other hand, I had broadened my mind and gained more understanding and experience in that time than I would have in eighty years of uneventful ordinary life.

As I have said in a previous chapter of this book, I had experienced the noblest of human nature in the hardship of distress. I had experienced close fellowship and love of justice in hearts that would withstand without flinching the agonies of suffering - yes, even brutal death - for the sake of their companions and country.

On the other hand, I had also experienced the black depths that the hearts and minds of some people can descend to when they abandon human kindness and Christian compassion, degrading themselves in form and deed to the level of the demons of darkness.

There is no doubt, therefore, that the five years under the shadow of the Swastika had had a goodly measure of beneficial effect on me. Despite that, if I was twenty again now, I would certainly not wish to go through the like again. I sometimes wonder if it was a judgement that came upon the world then, just like Noah's flood or the destruction of Sodom and Gomorrah.

Destruction there was without any doubt and destruction which cost millions their lives, but whether or not such a thing was ordained, only God Himself can tell. At other times I say that it was the Great Destroyer who got completely free and controlled and directed the war machine of Central Europe.

One thing is certain - that it was the forces of evil and iniquity and that they were defeated by the power of justice. According to the reasoning of philosophy, that is a' cheartais thairis orra. A rèir reusanachadh feallsanach, b' e sin a' chrìoch onarach ris am faodte dùil a bhith na leithid a' thachartas.

Bha Caolas na Frainge a' soillseadh gu lainnireach gu h-ìosal agus bha sinn uile cumail sùil gheur a-mach feuch cò a' chiad fhear a chitheadh còrsa a deas Shasainn a' nochdadh air fàire. Bha gach duine beò sa phlèan sàmhach; cha robh diog a' tighinn à beul. 'S e mòmaint thorrach a bha seo agus cha sgrìobh peann gu sìorraidh sìos an seòrsa faireachdainn a bha 'n com nan gillean uile agus gach fear agus a shùilean caogte a' sealltainn gu dìcheallach air adhart airson a' chiad shealladh de thìr a bhreith.

Nuair a nochd creagan àrda cailceadh Dhòver a-mach às a' mhuir, leig gach aon anam beò air bòrd an aon iolach àrd à beòil a chèile agus an fheadhainn air a robh bonaidean, thilg iad suas os an cionn iad.

Mionaid no dhà eile bha luchd-ionnlaid a bha grunnachadh air an tràigh ghil a' smèideadh agus ag èigheach dhuinn agus sinne gam freagairt ged nach cluinneadh iadsan sinne.

Bha sinn air tighinn dhachaigh.

A' Chrìoch

the honourable outcome that should be expected in such an event.

The English Channel was shimmering bright below and we were all keeping a sharp lookout to see who would be first to spot the coastline of England on the horizon. Everyone on the plane was silent; not a word was being uttered. This was a pregnant moment and no pen could ever describe the feelings in the hearts of all the boys, each one with eyes alert looking ahead for the first sign of the land of his birth.

When the white cliffs of Dover appeared out of the sea, each living soul on board let out the same triumphant yell and those with bonnets chucked them up in the air.

A minute or two later, swimmers wading in the surf were waving and shouting to us and we were answering, although they could not hear us.

We had come home.

The End

© Mrs. M MacRury

© Donald MacDonald

DI aois 9 aig Sgoil Thobha Mhòir - na sùilean mu thràth a' dìon choimhead.

DJ age 9 at Howmore School - the intensity of the gaze already remarkable.

DI air muin eich (mar bu dual) air machair Pheighinn nan Aoireann mu dheireadh nan 1940an.

DJ riding bareback (as was the custom at the time) on Peninerine machair.

© Donald MacDonald

Ron chogadh:
Niall MacDhòmhnaill Ic Dhonnchaidh, DI, Donnchadh MacDhòmhnaill Ic Dhonnchaidh, Mairead Aonghais Ruaidh, Ceit Dhonnchaidh, Eachann MacRaghnaill Ic Eachann.

Neil MacDonald (uncle), **DJ**, Duncan MacDonald (father),
Margaret MacDonald (mother), Kate MacDonald (sister), Hector MacEachen (neighbour).

156

© Archie MacPhee

Balaich Stalag IXc An t-Samhain 1941.
Stalag IXc Group Photograph November 1941

Tha an t-ùghdar anns an dara sreath bhon chùl, an siathamh fear bhon làimh chlì. Le cho sgiobalta 's a tha iad, 's iongantach mur an robh iad air èideadh ùr fhaighinn, 's dòcha bhon Chrois Dheirg.

The author is in the 2nd back row, 6th from the left. From the smartness of the turnout, it is obvious that new uniforms had arrived, perhaps from the Red Cross.

157

Tòrradh aig Stalag IXc. Mothaich do dhos na pìoba ann am meadhan an deilbh àird.

A funeral at Stalag IXc. Pipe drones are visible in the centre of the upper picture.

Fir Uibhist san Stalag IXc 16 An t-Samhain 1941.
Uist men in Stalag IXc 16th November 1941.

Air a' chùl: **Dòmhnall Iain Dhonnchaidh**, Ruairidh an Tàilleir, Niall a' Ghrèidheir, Ruairidh Fanaidh, Fionnlagh Dhòmhnaill Fhionnlaigh.
Back row: **DJ**, Roderick MacDonald, Neil MacInnes, Roderick MacIntosh, Finlay MacDonald.

Air a' bheulaibh: Dòmhnall Choinnich Chaluim, Dòmhnall Iain a' Bhodaich, Tormod Dhòmhnaill Thormoid, Donnchadh Iagain Ruairidh, Niall Chochran.
Front row: Donald Macintyre, Donald J. Morrison, Norman MacKinnon, Duncan MacCormick, Neil Walker.

Tha cuid dhe na fir sin anns an dealbh gu h-ìseal cuideachd. Tha **DI** anns an t-sreath chùil, an dara fear bhon làimh chlì.
Some of the same men appear in the picture below. **DJ** is in the back row, 2nd left.

Cuaraidh Chlach Freyburg. Air a' bheulaibh anns a' mheadhan tha Eàrdsaidh Mòr Mac a Phì agus na baraichean airson cairteadh nan clach air a' chùl. Freyburg Stone Quarry.

Archie 'Mòr' Macphee (centre front) with the barrows for transporting the stone in the background.

A' gearradh fiodh a thèid mun teine.

Chopping firewood - Stalag IIId.

Tòrradh eile aig Stalag IXc.
Another funeral at Stalag IXc. Note the helmets in the background.

Airgead pàipear air bheag luach a bhathas a' toirt mar phàigheadh dha na prìosanaich. Bha e mun aon mheud ri tiocaid bus.

The virtually worthless paper money paid to prisoners. The original was about the size of a bus ticket.

(Kriegsgefangenen-Lagergeld) = POW camp-money. 10 Reichspfennig = 1/10th of a mark.

1960:
Air a' chùl: Nellie (a bhean), DI, Anna a phiuthar.
Air a' bheulaibh: Dòmhnall (mac Anna), Mairead (nighean Dhòmhnaill Iain).

Back: Nellie (his wife), DJ, Ann (his sister).
Front: Donald (Ann's son), Margaret (DJ's daughter).

163

Na Gillean nach Maireann

*Rinn am bàrd an t-òran seo air an t-slighe tron Ghearmailt
anns an Og-mhìos 1940 ach cha deach a sgrìobhadh gus
an dèidh a' chogaidh.*

Am fonn: *O ho nighean, è ho nighean*

Hòro 'illean, hao o 'illean,
Hòro 'illean a bha àlainn,
Shuas aig Abbeville nur sìneadh -
'S duilich leinn a bhith gur fàgail.

Cha robh mhadainn ach air liathadh,
Greis mun d' thog a' ghrian an àirde,
Nuair a thugadh dhuinn an t-òrdan
Dhol a chòmhrag ris an nàmhaid.

Theann na buillean taobh air thaobh ann,
Gunnachan a' sgaoileadh bàis ann,
Fead na luaidhe 's toit an fhùdair,
Buill' is bùirean feadh gach àite.

Mun do chrom a' ghrian san fheasgar
'S iomadh fleasgach fearail, làidir
Bha na shìneadh feadh an arbhair
'S fhuil a' dèanamh dearg an làir ann.

Ged a thill sinn pìos a-null iad
Cha robh 'n ionnsaigh ud nar fàbhar:
Bha 'n Division ann na h-aonar,
'S acasan a naoi le armour.

The Boys That Are No More

This song was composed on the long journey through
Germany in June 1940 but not written down till after the war.

Tune: *O ho nighean, è ho nighean*

Horo boys, hao o boys,
Horo boys who were splendid -
Sad for us to have to leave you
Lying there at Abbeville.

Morning had barely dawned,
Just before the sun arose,
When we were given the order
To do battle with the enemy.

Explosions came on every side,
Guns spreading death there,
Whistle of lead and powder smoke,
Bangs and thunder everywhere.

Before the sun had set that evening,
Many a brave, strong young man
Was lying amongst the corn,
His blood reddening the ground.

Though we forced them back a little,
That attack was not successful -
The Division was all alone;
They had nine with armour.

Thuit à Uibhist gillean uasal -
Eadar Deas is Tuath bha 'n àireamh -
Gillean grinn an tùs an òige,
Cuid nach d' fhuaradh beò no bàs dhiubh.

Camshronaich à tìr nam beanntan
'S far na Galltachd gillean àlainn -
Leam is bochd gu bheil sibh sìnte
Fad' bhon tìr san deach ur n-àrach.

Fad' air falbh bho thìr nan stùcan,
Tìr bu dùthchasach dhur cnàmhan -
'S iomadh oidhch' a chaith sinn còmhl' ann
'S fuaim againn air òrain Ghàidhlig.

Bidh mi smaointinn oirbh san àm seo -
Anns a' Fhraing mar chaidh ur fàgail -
'S sinne seo an grèim aig nàimhdean
Suas an Rhine am broinn nam bàírdseas.

There fell from Uist noble lads -
From North and South the numbers -
Fine men in first flush of youth,
Some never found alive or dead.

Camerons from the land of mountains
And from the Lowlands, splendid boys -
Sad for me that you are lying
Far from the land which reared you.

Far away from the land of peaks,
That land your bones belong to -
Many's the night we spent there
Together singing Gaelic songs.

I think of you at this time -
How you were left in France -
While we are in enemy hands
On the Rhine confined in barges.

Eilean Beag a' Chuain

Oran eile a rinneadh anns a' Ghearmailt ann an 1942.

Am fonn: Fada bhuam thar a' chuain

'S ann mu thuath, fada tuath,
Ri uchd-bualaidh muir-làin,
Tha eilean beag gorm a' chuain,
Tìr mo luaidh thar gach ceàirn.

Ged tha mise fad' air falbh,
'S mi sa Ghearmailt a' tàmh,
Gum bi m' inntinn tric air chuairt
Far 'n do ruaig mi nam phàist'.

Far 'n do ruith mi feadh nan lòn
'S mi gun bhròig air mo shàil,
'S mi cho saor ri gaoth nan speur
Air bheag lèiridh no càs.

Bidh mi cuimhneachadh le deòir
Air an t-sòlas a bha
Nuair bha gillean aotrom òg
'N eilean eòrnach nan tràigh.

Bhiomaid cruinn an taigh Iain Ruaidh
Gabhail dhuan agus dhàn;
Greis air feadan, greis air pìob,
'S ghabhte tì uair no dhà.

Little Island in the Ocean

Another song composed in Germany (in 1942).

Tune: Fada bhuam thar a' chuain

It is north, far to the north
On the high tide's front-line,
That little green isle in the ocean,
Land I love above all others.

Though I am far away
Confined in Germany,
My mind often returns
To where I played as a child.

Where I ran through the puddles
Without shoes to my feet,
Free as wind of the heavens,
With little hardship or stress.

I remember with tears
The happiness there was
With young light-hearted boys
In the barley island of strands.

We'd gather at Iain Ruadh's
Singing and reciting,
Playing chanter and pipes,
With tea now and then.

Bhit' a' cosnadh airgead pòc'
Gearradh mhònadh 's gach àit',
Gus bhith againn anns a' champ
'S airson dram aig a' bhàr.

Chaidh na làithean sin air chùl
'S thàinig tionndadh nach b' fheàrr,
'S b' fheudar sèoladh thar a' chuain
Gu uchd-bualaidh a' bhlàir.

Aig St Valéry bu chruaidh
Buill' is nuallan a' bhlàir,
'S dh'fhàg sinn grunn de ghillean òg
Marbh gun deò air an tràigh.

'S ged tha mise fhathast beò,
Cha bhi m' òige mar bha;
Chaidh an comann ud mar sgaoil,
Comann caomh nam beann àrd.

Tha mi 'n-diugh gu h-ànrach fuar
Anns a' chuaraidh fo gheàrd,
M' fhuil a' tanachadh le dìth
'S cion a' bhìdh air mo chnàmh.

O, nach mi bha cuairt an-dràst'
Far 'n deach m' àrach 's mi òg,
'S gheibhinn giomach fon chloich bhàin
Shìos an Geàrr-sgeir na Cròic.

We would earn pocket money
Cutting peats everywhere
So that we had at the camp
Enough for a dram at the bar.

Those days have gone -
A turn came for the worse -
We had to sail overseas
To the battle front-line.

St Valéry was loud with
Shots and thunder of war;
We left a number of young men
Lifeless, dead on the shore.

Although I have survived,
My youth cannot be the same;
That group has been scattered,
Dear comrades from the bens.

I am today wretched, cold,
Under guard in the quarry;
Want has thinned my blood;
I'm worn down with hunger.

Oh, that I could go now
To where I was reared as a child -
I'd find lobster under the white rock
Down in Geàrr-sgeir of the Cròic.[34]

Gheibhinn bonnach brèagha flùir
'S e air ùr-fhuin' on stòbh,
'S bheirinn bradan às an lìon
Pìos an iar air a' Chrò.

Ach nuair thilleas rinn an t-sìth,
'S gum bi sinn idir beò,
Chì mi fhathast luchd mo ghaoil
'N Uibhist bhraonach an eòrn'.

I'd have a fine flour scone
New-baked from the stove
And a salmon from the net
A little west of the Crò.[35]

But when peace returns,
If we survive at all,
I will yet see my loved ones
In dewy Uist of the barley.

Oran Danns' a' Chlaidheimh

(Faic t.d.58)

Rìgh, gur mise tha neo-shunndach,
Ged a thionndaidh mi gu ealain,
Tha droch crith air tighinn nam ghlùinean
'S chan eil lùths an ceann mo chasan;
Ach ma gheibh mi beò tron gheamhradh,
Bheir a' Bhealltainn mi gu rathad -
'S truagh nach deach mo chas san t-slabhraidh
Mun d' theann mi ri Danns' a' Chlaidheimh!

Nì mi innse dhuibh mun teann mi
Mar a bh' ann, 's gun tuig sibh dòigheil:
Bha mi fhìn car bochd san àm ud
Le car cam a chaidh nam òrdaig,
Dòmhnall 's niosgaid air a ghaoirdein -
Cha b' e aon tè, Dhia, ach tòrr dhiubh -
Ach ma dh'fhuiling e cràdh le làimh,
Gur ann a chlaoidh e danns' an Leòdaich.

Bha sinn nar suidh' anns a' champa
'S mi fhìn air cabhsair mo shòlais,
Sinn a' seanchas anns an àm sin
Air seann dannsaichean 's air òrain:
Thionndaidh MacLeòid rinn gu h-ealamh
'S dh'fhuasgail e barrall nam brògan,
"Nis," ars esan, "bithibh tapaidh,
'S ionnsaichidh mi Dance nan Swords dhuibh."

Song of the Sword Dance

(*See p.59*)

Lord, I am so unhappy
Though I have turned to verse,
My knees are trembling badly,
No strength in my feet:
But if I survive the winter,
Maytime will bring me round -
A pity my feet were not in chains
Before I tried the Sword Dance!

I'll tell you before I start
How it was, so you'll understand:
I was rather unfit then,
Having twisted my toe:
Donald had a boil on his arm -
Not one, God, but many -
But if his arm was painful,
Macleod's dance exhausted him.

We were sitting in the camp,
Myself at my happiest,
As we talked at the time
Of old dances and songs:
Macleod turned to us quickly
And loosened his bootlaces:
"Now," he said, "be sturdy,
And I'll teach you the Sword Dance."

Bha mi fhìn fad còrr is seachdain
Ann am beachd an saoghal fhàgail;
Cùl mo chalpannan air at
'S gun leòba craicinn air mo shàilean:
Cha robh fois ann shìos no shuas dhomh
'S cha robh tuar a dhol na b' fheàrr air,
'S shìninn mi fhìn air an ùrlar
Mura bitheadh cùis na nàire.

Gun do labhair Mac an t-Saoir rium
Oidhche h-Aoine 's mi na chòmhradh:
"Feuch, a Thighearn', am faigh thu saod
Air rud bheir aotromachadh dhòmhsa -
Nach e mise, Dhia, tha dìoladh
Air a' chiùird a sheall MacLeòid dhuinn,
'S mur furtaich cràdh mo dhà chalpa,
Thèid ùir na Gearmailt gam chòmhdach!"

Labhair mise ris gu dàna:
"Thud, cò dha tha thu ga innse -
Bha mise raoir anns na spàirnean
Am beul a' bhàis, ged a thill mi:
'S ma thig dad ort fhèin am failmse,
Feuch gu sgrìobh thu m' ainm san dìleab -
Gheibh mi do chuid leann Didòmhnaich,
'S riaraichear an còrr car even."

I myself was over a week
Thinking of leaving the world;
The backs of my calves swollen,
No skin left on my heels:
I couldn't rest up or down;
With no sign of improvement,
I would have lain on the floor
But for the shame of it.

Macintyre said to me
Friday night in conversation,
"Lord's sake, can you find something
That might give me relief?
God, but how I'm paying
For the pastime Macleod showed us -
If the pain in my calves doesn't ease,
The earth of Germany will cover me!"

I said to him boldly,
"Oh, whom are you telling -
I was last night in spasms
At death's door, though I returned:
Lest you be taken unawares,
See you write my name in your will -
I'll get your beer ration Sunday,
The rest will be shared evenly."

'S beag a th' agam fhìn de dh'fharmad -
'S cha bhi gu dearbh, tha mi 'n dòchas -
Ris an duine thruagh tha 'g earbs'
Air cosnadh airgid anns an dòigh ud:
'S e thig goirt à caol a luirgnean
Ged a bhuinnigeadh e cup' òir air;
Cuiridh e don ùir ron àm e,
'S nì e seann duine ro òg dheth.

'S fhèarr dhomh nis bhith fuireach sàmhach -
Chan eil fàth bhith 'g ràdh a' chòrr dhomh -
Ach gun tuig sibh mar a bha mi
'S na fhuair mi chràdh le bhith gòrach;
'S bidh mi cuimhneachadh gu sìorraidh,
Gus an leagar sìos fon fhòd mi,
'N rud thug rumatas ron àm dhomh -
Na leasain dannsa thug MacLeòid dhuinn!

How little I envy -
And I trust I never will -
The poor man who hopes
To earn money in that way:
He will have such pain in his legs,
Though he should win a gold cup,
He will be buried before his time;
It will make him an old man too soon.

I'd better now stay silent -
There's no reason to tell more -
But so you will understand my state
And the pain I felt for my folly;
I will remember forever,
Till I'm laid under the sod,
What gave me early rheumatism -
Those dancing lessons from Macleod!

An Carragh-Cuimhne Cogaidh

Sgrìobh am bàrd seo fada as dèidh a' chogaidh, 's e caoidh gun robh
na dh'fhuiling a ghinealach fhèin air a leigeil air dìochuimhn'.

Saorsa! Daor chaidh a ceannach,
Na galain fala gan dòrtadh;
Saorsa! Saor dhuinn air aiseag
Tro ìobairt-fala nan òigear.

Dearg-fhuil uasal nan Eilean
A' todhar fearann na h-Eòrpa;
Fòd neo-chàirdeach a' falach
Cnàmhan geala gun fheòil orr'.

Cian bho chòrsa nan Eilean
An ùir tir eile gun chleamhnas,
Duslach luachmhor nam fiùran -
Cha mhist' an ùir ud na ceann i.

Saltair aotrom le cùram
Air talamh ùrar na h-Eòrpa,
Oir bha uair a b' e 'n ùir seo
Sùilean ciùin nam fear òga.

Carragh-cuimhn' air a' bhruthach,
Mi fhìn nam shuidhe na nàbachd -
A bheil gach ainm ann air mhaireann
An inntinn fhearaibh na tràth seo?

A bheil gach ainm ann air chuimhne
Le mòr-thaingealachd shìorraidh,
No 'n d' leig an ginealach ùr seo
An ìobairt-cliu ud air dìochuimhn'?

The War Memorial

*Long after the war the bard laments that his
generation's sacrifice has been forgotten.*

Freedom! Dear was it bought,
Blood spilt in gallons;
Freedom! Cheap is our passage
Through the young men's sacrifice.

Noble red blood of the Islands
Enriching Europe's earth;
Foreign turf concealing
White bones without flesh.

Far from Island shores
In alien land without kin,
Precious dust of heroes -
That soil is the better for it.

Tread lightly with care
On the fresh earth of Europe,
For this soil was once
The still eyes of young men.

The memorial stands on the brae,
I myself sit nearby -
Does every name here survive
In the minds of today?

Is every name remembered
With gratitude eternal,
Or has this new generation
Forgotten their sacrifice?

Chaidh an fhuil ud a bhraonadh
Air uachdar raointean na h-Eòrpa
Gus sinne ghlèidheadh bho dhaorsa,
Bho chuing aognaidh gun tròcair.

An tàinig guth gu mo chluasan
A doimhneachd thuaman na Frainge:
"A bheil ar n-ìobairt-ne suarach,
'S an-diugh an sluagh neo-ar-thaingeil?"

"Libhrig sinne nad làmhan
Cailis àghmhor na saorsa -
Bheil grian ar cuimhn' air a smàladh
Le sòlais chàirneil an t-saoghail?"

*   *   *

Thus' tha nuas bho Chill Donnain,
Mun dean thu cromadh gu Bòrnais,
Crom do cheann ann an ùmhlachd
Aig carragh-cliù nam fear òga.

Do mhòr-thaingealachd, tairg i
Don h-uile ainm air a' chàrn seo -
'S iad bu mheadhan gu faod thu
Coiseachd saor air an làr seo.

That blood was spilt
On the fields of Europe
To save us from bondage,
From the pitiless yoke.

Did I hear a voice cry
From a grave deep in France:
"Is our sacrifice now scorned,
The people ungrateful?"

"We delivered to your hands
The splendid chalice of freedom -
Is the sun of our memory eclipsed
By the world's carnal pleasures?"

      *   *   *

You that come by Kildonan,
Ere you descend into Bornish,‡
Bow your head in respect
At the young men's memorial.

Tender great gratitude
To every name on this cairn -
'Tis thanks to them that you
Can walk free in this land.

‡ The South Uist war memorial stands by the side of the A865 on the hills
between Kildonan and Bornish.

Notes

1 p.19: Major Stanley "Daddy" Hill from Inverness was the Battalion Second-in-Command.

2 p.19: Quisling - someone who aids an occupying enemy. (From Vidikun Quisling who was puppet Prime Minister of Norway during the German occupation of 1940-45.

3 p.21: The Lee-Enfield .303 rifle had been the standard infantry weapon since the 1914-18 war. Although accurate at long range its small magazine had to be operated manually. Intended as an anti-personnel weapon it was useless against armoured vehicles.

4 p.21: According to Murdo MacCuish of North Uist, the equipment issued to the Highland Division was what had been left over from 1918 with only one machine-gun per section and no tommy-guns. He said of the .55 Boyes anti-tank rifle, "The anti-tank guns we had were just like pea-shooters." (*Scotland's War* - Mainstream Publishing 1995).

5 p.27: Alan Mackay survived the war and died in Uist in the mid-eighties.

6 p.41: Slow-moving barges are at even more of a disadvantage sailing upstream.

7 p.41: Donald John Morrison *Dòmhnall Iain a' Bhodaich* lived by Loch Roag in Snishival - very near to the author's home in Peninerine. He survived the war but was killed in a collision while riding his motor-bike in South Uist in 1956.

8 p.43: Duncan MacCormick survived the war but died suddenly in South Uist in 1959 at the early age of 39.

9 p.43: Emmerich was the first railway town on the Rhine inside the German Border.

10 p.45: Dubh could refer either to colour of hair or uniform such as the SS wore.

11 p.47: *Stalag* (abbr. of *Stammlager*) - a POW camp for non-commissioned officers and men. *Oflag* was the equivalent camp for officers.

12 p.47: Freyburg lies just to the north of Naumburg.

13 p47: The SS (*Schutzstaffel*) were Hitler's bodyguard.

14 p.57: Stadtroda is a small town lying south east of Jena.

15 p.61: Sergeant Norman Maclean *Tormod Sheonaidh Ghobha* from Eochar and Corporal 'Big' Archie Macphee *Eardsaidh Mòr Mac a Phì* from Garrynamonie at age thirty were more mature than most of their companions and more methodical in their planning. Archie managed to

smuggle a piece of hacksaw blade from the quarry into his cell hidden in his boot. In order to have the time off work to file through the bars of his cell window he threw himself down the stairs and sprained his ankle. He chose the night of Hitler's birthday when he knew the German guards on the ground floor would be in celebration mode.

Having filed through the central bar, they constructed a rope from blankets and got clean away. However, they did not have a compass and so had difficulty making any logical progress. While hiding in a hayloft and very hungry they saw two French POW's at work and Norman, who spoke a smattering of French, approached them for food (against Archie's advice). They were given some food but simultaneously betrayed to the German authorities.

Archie made another attempt to escape towards the end of the war and, by contrast, on this occasion he was actually given food and shelter by a German family in Bavaria for over a week until he made contact with the advancing Americans. He was able to repay the favour by saving their house from destruction by the American tanks and stayed in contact with the family after the war.

16 p.61: See note 7.

17 p.63: This river would be the Saale - a tributary of the Elbe.

18 p.65: Weissenfels lies about 90 km south west of Leipzig and 20 km due east of Freyburg.

19 p.65: Mühlhausen lies about 35 km north west of Weimar.

20 p.65: Masbach lies about 50km south west of Eisenach.

21 p.71: Erfurt is a large town 20km west of Weimar.

22 p.95: Merkers lies about 30km southwest of Eisenach.

23 p.101: See note 10. Again, the colour could refer to either hair or clothing.

24 p.103: "English bastards" would be the slang equivalent.

25 p.105: Thirst is a very common reaction to the adrenalin surge caused by any traumatic experience. Normally coffee, which is a diuretic, would make matters worse but much of the coffee available in Germany during the war was ersatz - being made from unsatisfactory substitutes such as acorns.

26 p.105: Kenny Mackenzie lived to the goodly age of 91, dying in South Uist, February 1999.

27 p.113: The reference is to the unsuccessful Commando raid on Dieppe on 19th August 1942 in which Canadian regiments in particular suffered heavy casualties and nearly 2000 men were captured. Important lessons were learned for the subsequent successful invasion in June 1944.

28 p.113: Bischofroda lies about 8 km north of Eisenach.

29 p.123: Indeed many POWs who had been imprisoned in Poland had to endure a long and punishing march westward to avoid the Russian advance. See *A' Suathadh ri Iomadh Rubha* (Gairm 1973) by Aonghas Caimbeul, *Am Puilean*.

30 p.129: *Kamerad* - Literally 'comrade'. Because it was called out by German soldiers surrendering, there was an assumption by many during the war that it meant 'surrender'. (cf. 'Friend' as answer to a sentry's challenge, 'Who goes there?')

31 p.131: Unfortunately the pay-book was not found among Donald John's papers.

32 p.145: The region of Germany that Donald John spent his war in became part of Eastern Germany - under Russian control until the fall of the Berlin Wall.

33 p.149: Metz is quite far south of the direct track between Magdeburg and Le Havre, but this was presumably a diversion due to the weather. The aircraft involved would probably have been a Lancaster bomber as they were used to ferry troops at the time - sometimes even in the bomb-bays! However, his statement about climbing to 25,000 feet must be treated with some reserve. Although Lancasters could operate above 20,000 feet, all on board would have had to be on oxygen and it is unlikely that there would have been sufficient provision for the passengers.

34 p.171: The Cròic is the bay immediately west of the bard's birthplace in Peninerene and the Geàrr-sgeir rocks form its southern boundary.

35 p.173: *Crò* can be a cattle fold - or narrows. In this case the name applies to the area where the Howmore river exits from the north-west end of Loch Roag which lies between Peninerine and Howbeg, South Uist. This area is close by the area where the tacksman once lived before Howbeg was broken up into crofts so either translation might be appropriate. However, local tradition is that the exit of the Howmore River was once much further west so the area may well have been a cattle fold.

Appendix

The Military Background

The gallant rearguard action which led to the capture of the 51st Highland Division at St Valery-en-Caux may have burned itself into the consciousness of the older generation of Gaels but it has never been given the wider recognition it deserves.

When war broke out at the beginning on September 1939 it found both Britain and France pitifully unprepared for confrontation with Germany. The Germans had modernised not only their military equipment but also the strategy and tactics of war. The speed and ferocity of the Blitzkrieg philosophy (using dive-bombers and modern fast tanks to pulverise the opposition ahead of conventional troops) took the rest of Europe completely by surprise. By contrast, British and French military thinking was still rooted in the static conflict of 1914-18 and lack of defence spending had ensured that much of their military equipment was of similar vintage. In particular the French High Command relied for defence against Germany on the Maginot line of fortifications, assuming that no attack with armour could be launched through the natural barrier of the Ardennes hills. Their army was still heavily dependent on horse-drawn transport and cavalry.

The 4th Battalion of the Camerons formed part of the 51st Highland Division which included battalions from such famous regiments as the Black Watch, Seaforth Highlanders, Gordon Highlanders and Argyll and Sutherland Highlanders. After landing at Le Havre in January 1940, the Division was deployed in March under French command to defend the Maginot line near Metz in Lorraine.

This was the period of the so-called 'Phoney War' but when German Panzer tank divisions under Guderian broke through the Ardennes Hills on 10th May, indecision and confusion ensued in the French High Command. Their Commander-in-Chief, General Weygand soon became pessimistic about his chances of fighting a war in 1940 with an army of 1918 standard.

When Winston Churchill took over as British Prime Minister on 15th May he found himself in a critical situation. Britain was committed to helping France, her principal ally. However, there was considerable doubt in the War Cabinet as to the strength of the French resolve. Nevertheless, the longer the German advance was delayed in France, the better chance Britain had of preparing for the expected invasion. Britain therefore had to support France as long as possible and the entire British Expeditionary Force was technically under French command.

As another German army advanced into Belgium through Holland the BEF was in danger of being trapped in a pincer movement. However, its commander Lord Gort had a get-out clause in his standing orders which permitted him to appeal directly to the British Government if the safety of the BEF was threatened. Gort took full advantage of this loophole to withdraw his troops to Dunkirk where the famous evacuation of 338,000 men was accomplished. Understandably, this was seen by the French as a betrayal.

Major General Victor Fortune of the Highland Division did not have Gort's power to question French authority. The 51st moved north but travel arrangements were chaotic and they were unable to join up with the rest of the BEF. Instead they were moved under French command towards Abbeville. There on 4th June they participated in an attempt to repulse the German advance across the Somme. Due to inadequate intelligence as to the real strength of the enemy, the Division suffered heavy casualties with 152 Brigade losing 20 officers and 543 men - mainly from the 4th Seaforths and 4th Camerons. It is said that their gallantry so impressed the up-and-coming

French General de Gaulle as to have influenced greatly his decision to fight on from Britain.

However, these losses left no option but retreat. The War Cabinet wanted them to fall back towards Rouen so that they could be taken off from the port of Le Havre where they had originally landed. Permission for the move was refused by the French for three days. This delay was to prove fatal for by then Rommel's Panzer tanks had cut the road to Le Havre in a remarkable high-speed advance towards the coast.

The alternative move to Dieppe was also too late. In any case, the approaches to the port were reported to have been mined and the harbour installations damaged. The last chance was the small harbour of St Valéry-en-Caux, set in a niche between towering cliffs. However, roads into the town soon became congested by abandoned and wrecked equipment and conditions within it degenerated into chaos through raging fires and destruction as it came under attack.

Although the Navy attempted to mount another Dunkirk-style evacuation, their task was made much more difficult by tricky approaches to the harbour. By a cruel twist of fate, heavy mist and rain on the night of the 11th June delayed the rescue and by the 12th Rommel's guns commanded the adjacent cliffs, so making further rescue by sea impossible. Small numbers of the 51st were taken off from beaches further along the coast after descending the cliffs but others fell to their deaths in the attempt.

Rommel himself paid tribute to the stout resistance put up by the 51st but the disparity in weaponry was too great and the gallant British and French effort was doomed. The French surrendered at 0800 on the morning of the 12th June and the 51st two and a half hours later. 8000 men of the Division were captured. To Rommel's delight, these included the headquarters staff and Major General Fortune who had fought his men's corner with Whitehall till the bitter end. During the subsequent imprisonment, the General's commitment to his troops was further underlined when he refused an offer of repatriation for himself so that he could remain with his brother officers.

In reading this graphic account of the long march of over three weeks which the prisoners undertook to the barges on the Rhine it must be remembered that most of these men had been constantly on the move for the preceding six weeks. During that period they had inadequate supplies, very little sleep and the stress of battle was compounded by the back-breaking chore of digging defences in each new location.

By the time they arrived at St Valéry they were suffering from hunger and exhaustion and yet, as the author describes, the order to surrender came as a complete shock to them. In 1999 the 89 year old Archie Macphee could still describe it as "… the saddest day of my life."

Selected Bibliography

Caimbeul, Aonghas, *A' Suathadh ri Iomadh Rubha* (Gairm, 1973)

Churchill, Winston, *The Second World War: Vol. ii - Their Finest Hour* (Cassel, 1959)

David, Saul *Churchill's Sacrifice of the Highland Division* (Brassey's, 1994). [Despite the controversial title, this is a very detailed account of the events leading up to St Valéry].

Grant, Roderick, *The 51st Highland Division at War* (Ian Allan, 1977)

Historical records of the Queen's Own Cameron Highlanders 1932-48 (William Blackwood & Sons, 1952)

Lang, Sir Derek, *Return to St Valéry* (Leo Cooper, 1974)

MacDonald, Donald John, *Chì Mi - I See - The Gaelic Poetry of Donald John MacDonald* (Birlinn 1998)

Robertson, Seona, & Wilson, Les, *Scotland's War* (Mainstream Publishing, 1995)